세상에 펼쳐진 무한한 기회를 잡아라

미래를 제시하는 리더의 한마디

이의현·권선복 지음

미래를 제시하는 리더의 한마디

초판 1쇄 발행 2023년 9월 1일

지 은 이 이의현·권선복
발 행 인 권선복
편 집 한영미
전 자 책 서보미
발 행 처 도서출판 행복에너지
출판등록 제315-2011-000035호
주 소 (157-010) 서울특별시 강서구 화곡로 232
전 화 0505-613-6133
팩 스 0303-0799-1560
홈페이지 www.happybook.or.kr
이 메 일 ksbdata@daum.net

값 22,000원
ISBN 979-11-92486-93-2 13190

세상에 펼쳐진 무한한 기회를 잡아라

미래를 제시하는 리더의 한마디

이의현 · 권선복 지음

도서출판 행복에너지

Prologue

현재의 내 모습이 어떻게 미래에 비추어지길 바라는가?

사람들이 마음속에서 결정하고 믿으면 무엇이든 생각하는 대로 이루어지고 있는 것이 현실이다. 이른 아침 새벽을 열고 피곤한 몸을 이끌고 한 가족의 가장으로 경제 전쟁터로 첫발을 내딛는 곳은 내가 생각한 대로 가고 있는 것이다. 이와 같이 우리의 인생에서 꿈을 현실로 실현시키는 데는 몇 가지 선행 조건이 실행될 때 가능한 것이다.

그 첫 번째가 자신의 마음속에 이루고자 하는 목표를 구축하고, 그다음으로 그 자신의 꿈을 실현시키기 위하여 관심 분야를 학습하며 준비하는 자세를 갖추어 자신이 활용 가능한 목표에 자신의 역량의 마지막 1%까지 활용하고, 그다음으로 자신의 꿈이 현실이 된다는 믿음으로 혼을 다하여야 할 것이다.

20세기 이전의 근대 최고의 심리학자 윌리엄 제임스는 인간은 누구든지 자신이 사용할 수 있는 잠재력의 극히 일부분인 10%도 제대로 사용하지 못한다고 하였다. 대부분의 사람들은 육체적, 정신적, 도덕적으로 극히 제한된 범위 속에 자신의 잠재된 능력을 묶어놓고 살아가고 있는 것이 현실이다.

우리는 학창 시절 한두 번의 실패나 좌절로, 나는 도저히 할 수 없다는 체념으로 도전도 해보지 않고 적성이나 소질이 없어 하며, 시도조차 해 보지 않고 포기하는 마음의 자세를 지니고 있지 않았나 되돌아보아야 할 것이다. 인간은 셀 수도 없이 많은 꿈과 능력이 실패라는 제단에 희생물로 바쳐진다는 것이다. 자신의 마음속 스크린에 투시된 것을 보고, 느낄 수만 있다면 실생활 속에서도 그것과 똑같이 행동하고 느낄 수 있게 된다는 것을, 우리 스스로 부지런 떨어 많은 것을 보게 되면 얻게 된다는 것을 우리의 생활 속에서 터득한 것이다.

인간이란 어떠한 문제에 부딪혀 실패나 좌절을 겪게 되면 그러한 모든 결과를 외부 요인 탓으로 돌리려는 습관을 가지고 있으나, 좀 더 솔직히 생각해 보면 오로지 자신의 문제가 아닌가? 한다. 자신의 문제이고 자신이 변하지 않으면, 결코 성공할 수 없다. 본인이 아니고는 그 누구도 자신의 습관을 고치지 못한다. 그러한 잘못된 믿음에 머무는 한, 평생 모든 사안을 부정적으로 보게 될 것이며, 그것은 또한 자신을 더 이상 발전시키지 못하고 정체되어 뒷걸음질 치게 하는 것이다.

자신이 원하는 대로 미래가 이루어지고 정상에 서서 당당히 주역이 되고자 한다면 생각을 글로 작성하여 어떤 점에 중점을 두고 보완하여 완성도를 높여야 하는가를 염두에 두고 매일 상상하며 결심을 글로 표현하라. 일단 글로 작성하는 것이 '작심'이다. 글로 작성하지 않으면 공상으로 크게 진척이 없다. 글로 소리쳐야 한다. 글로 써야 풀린다. 단 몇 줄을 쓰는 동안에도 머릿속에는 무수히 많은 영상이 스쳐 지나갈 것이다.

그러한 지침서가 바로 이번에 출간하게 된 서적이다. 콩나물시루에 물을 부으면 밑으로 모두 빠져나가 효과가 없는 듯하여도 콩나물은 자란다. 매일 매일 한 페이지씩 읽고 쓰다 보면 나의 미래는 나 자신이 바라는 방향으로 달려가게 될 것이며, 작은 차이가 엄청난 변화를 가져올 것이라는 확신을 심어줄 것이다.

성공한 모습으로 정상에서 뵙기를 바랍니다.

- 2023년 여름

이의현

차례

PART 1 SPRING

PART 2 SUMMER

PART 3 AUTUMN

PART 4 WINTER

[I] 마음을 움직이는 힐링 글

[II] 시의 향기

꿈과 도전

- 이의현

가시밭길투성이여도
꿈을 가진 한
무서울 것이 없다네

비바람에 휩쓸려 길을 잃어도
나를 뒤가 아닌, 앞으로 이끈 것은
절대로 포기하지 않는 도전정신이라네

인생길 굽이굽이
도전은 나를 지탱하는 뼈가 되고
꿈은 나를 일으켜 세우는 살이 되었네

1%의 가능성만 있더라도
도전을 계속하는 한
아무것도 잃을 것이 없다네
99% 갖추었어도 1% 부족하면 불량품이다.

PART 1
SPRING

1

1%의 가능성만 있더라도 도전하며 살아온 것이 나의 인생이다.

- **이의현**(대일특수강(주) 대표이사) -

평범한 사람과 성공한 사람의 차이는 무엇일까요? 그 차이는 '지식'이 아니라 '실천'에 있지 않을까요. 성공한 기업과 그렇지 못한 기업의 차이는 '전략'이 아니라 '실행'이 잘못되었다는 생각에서 출발합니다. 시도조차 해 보지 않고 애초부터 미리 안 될 것이라고 단정하지 말고, 불가능하다는 이유를 찾기 전에 해결한다면, 얻어지는 결과를 머릿속에 그리며 문제의 해결반안을 찾아 도전하십시오.

호기심과 문제 상황을 분석하여 최선을 다해 노력하고, 모든 문제는 반드시 해결방안이 있는 법이니 도전하고 또 도전하십시오.

설령 실패한다고 하여도 도전하고 도전한 사람만이 느낄 수 있는 깨달음이 있으며, 그러한 경험이 축적되어 자신의 블루오션을 찾아 나갈 수 있을 것입니다. 어제와는 다르게 모든 것을 생각하고 남과 다르게 행동할 것을 주문하며, 그저 머릿속으로 생각하고 있다가 누군가 먼저 하면 '아, 그때 내가 생각했던 것인데'라는 소리가 나오지 않도록 먼저 행동으로 실천하여 보여 주기를 바랍니다.

조금 늦더라도 조급하게 생각 말며, 일을 잘하려고만 하지 말고 무엇을 했는가를 생각하고, 도전하고 또 도전하십시오.

2

가장 큰 위험(Risk)은 위험을 피해 가는 것이다.

- **마크 저커버그**(페이스북 창업자, 메타 회장) -

마크 저커버그는 미국의 소셜 미디어 페이스북의 창업주이자, 현재는 페이스북을 필두로 인스타그램, 왓츠앱, 메타 퀘스트 등을 개발·운영하는 지주사 메타의 회장입니다.

그가 탄생시킨 페이스북은 긍정적이든 부정적이든 매체와 사회, 정치 등 21세기 현대 사회에 지대한 영향을 끼친 시대적 패러다임이라 해도 과언이 아니죠. 2000년대에 혜성처럼 등장한 페이스북은 북미권에서 엄청난 센세이션을 일으켰고, 마크 저커버그는 타임지 올해의 인물에 선정되기도 했습니다.

우리 삶에는 두 가지 문이 있다고 합니다. 하나는 기회의 문이고 다른 하나는 안전의 문입니다. 많은 사람이 위험이 없는 안전의 문을 선택합니다. 그러나 도전하지 않으면 위험은 없지만 더 이상의 발전은 없습니다. 안전에서 벗어나야만 새로운 기회가 열립니다. 1루에서 발을 떼지 않고는 2루로 갈 수 없는 것과 같은 이치죠.

마크 저커버그가 과감히 하버드를 중퇴하고 페이스북을 만들어 낸 것도 위험을 피해 가는 전략으로는 더 이상 발전은 없음을 일찌감치 깨달은 덕분 아닐까요.

큰 산을 오르려면 반드시 큰 계곡을 넘어가야 합니다.

3

지금까지 없었던 새로운 기술로 새로운 미래를 만들어야 한다.

- **이재용**(삼성전자 회장) -

이재용 삼성전자 회장의 최근 메시지를 관통하는 키워드는 '기술'입니다. 전 세계 기업 간 산업 경쟁이 격화되면서 첨단 기술의 확보 없이는 살아남지 못한다는 위기의식이 반영됐다는 평가입니다.

이 회장은 이전에도 "중요한 것은 첫 번째도 기술, 두 번째도 기술, 세 번째도 기술", "기술만이 살길"이라며 기술의 중요성을 강조해 왔습니다. 어디 이 회장뿐이겠습니까?

규모와 관련 없이 크든 작든 한 기업을 경영하는 경영자라면 누구나 자신의 기업만의 독창적인 기술의 중요성을 뼈저리게 공감할 것입니다.

국내외적 수많은 난관을 극복하고 생존해 나갈 수 있는 가장 핵심 요소가 품질경쟁력과 독창적 기술개발이고, 이 세상에 존재하지 않는 독창적인 기술을 갖고 있을 때 지속 가능한 기업이 될 수 있기 때문이죠. 특히 날이 갈수록 치열해지는 글로벌 경쟁 환경에서 기술의 중요성은 재론의 여지가 필요 없을 정도입니다.

새로운 기술도, 새로운 미래도 저절로 오지 않습니다. '스스로 미래를 준비하는 자세'를 갖추고 치열하게 미래를 개척해 나가는 방법 외에 무슨 수가 있을까요?

4

실패는 하나의 옵션입니다.
만약 실패를 겪지 않았다면
당신은 충분히 혁신적이지 않았다는 증거입니다.

- **일론 머스크**(테슬라, 스페이스X CEO) -

일론 머스크는 전기차 테슬라 신화를 만든 이 시대의 괴짜 억만장자입니다. 그의 트윗 하나로 주가, 코인 가격 등이 급변하며 심지어 전쟁의 판도까지 바꾸는 가장 영향력 높은 인물이기도 합니다. 이런 그에게도 피해 갈 수 없는 것이 있었습니다. 바로 '실패'입니다. 실제로 스페이스X 창업 초기 시절, 2008년 세계 금융위기와 팰컨 1의 발사 실패를 겪으며 파산 위기에 몰렸습니다. 하지만 머스크는 자신이 한 말처럼 이를 실패로만 받아들이지 않고 혁신의 발판으로 생각하여 끝끝내 로켓 발사를 성공시키며 나사의 지원을 받아냈습니다. 즉 머스크는 실패를 당연히 겪어야 하는 과정으로 본 것이지요.

실패에서 무엇을 깨달았는가? 실패에서 자신이 무엇이 부족하여 실패하였는가?를 깨닫는 것이 더 큰 성공의 여부를 판가름한다고 생각합니다. 글로벌 기업의 위대한 경영자들이 실패를 장려하고, 실패를 통한 학습이라는 긍정적 관점에서 실패를 바라보는 이유는 실패야말로 성공으로 가는 이정표이기 때문입니다.

실패 없이 처음부터 잘되는 일은 아무것도 없습니다.

5

Best보다 Better를 목표로 삼자.

- 도요다 아키오(도요타자동차 회장) -

도요다 아키오 사장은 도요타 창업자의 손자로 2009년 6월, 도요타가 미국에서 대량 리콜 사태로 사상 최악의 위기를 맞았을 당시 구원투수로 사장에 취임했습니다.

이후 도요타는 아키오 사장의 리더십 아래 빠르게 위기를 극복했고, 2020년 5년 만에 세계 자동차 판매 대수 1위에 복귀한 이후 3년 연속 세계 1위를 유지했습니다.

그런 그가 사장 취임 14년 만에 경영전면에서 물러나 회장으로 취임했습니다. 그는 이전부터 세대교체의 필요성을 느끼고 퇴임할 시기를 생각하고 있었다면서 퇴임 이유를 다음과 같이 말했습니다.

"지난 13년은 하루하루 고군분투한 시간이었다. 정답을 모르는 시대에 변혁하려면 리더에겐 현장을 계속 지킬 체력과 기력, 열정이 필요하다. 도요타의 변혁을 위해 회장으로서 지원하겠다."

이형기 시인의 「낙화」라는 시의 한 구절이 떠오릅니다. 가야 할 때가 언제인가를 / 분명히 알고 가는 이의 / 뒷모습은 얼마나 아름다운가…. 어려운 비즈니스 환경에서도 '더 나은 자동차를 만든다.'라는 슬로건 아래 비용 절감과 생산성 향상에 노력해왔던 도요다 아키오 회장. 그의 결정을 존중합니다.

아키오 회장이 말한 Best는 멈춤, Better는 성장을 의미하는 것이 아닐까요?

6

개발자가 대우받는 회사를 만들고 싶었다.

- **폴 제이콥스**(퀄컴 전 CEO) -

"퀄컴의 강점이 무엇이냐?"라는 질문에 대한 폴 제이콥스 퀄컴 전 CEO의 대답입니다. 휴대폰에서 가장 중요한 역할을 하는 것은 머리에 해당하는 애플리케이션 프로세서(AP)죠. AP는 기본적인 연산은 물론 그래픽, 통신 등 다양한 역할을 하는데, 퀄컴이 만든 제품이 스마트 폰에 가장 많이 사용됩니다.

폴 제이콥스가 회사에서 강조한 것은 '수평문화'와 능력을 제대로 평가하는 '조직문화'였습니다. 그는 대화할 때 화려한 미사여구를 사용하는 대신 개발자들이 얼마나 열심히 제품을 만들고 상용화 노력을 하는지, 개발자가 왜 회사에서 대우받아야 하는지, 수직적 조직문화가 왜 창의력을 떨어뜨리는지 등을 역설합니다. 그의 말을 통해 퀄컴이 얼마나 기술개발을 위해 노력하는지 느낄 수 있죠.

실제 퀄컴 본사가 있는 미 샌디에이고 사무실의 한 벽면에는 지금껏 퀄컴이 승인받은 특허 증서가 나열돼 있다고 합니다. 폴 제이콥스와 그의 부친이자 퀄컴 창업자 어윈 제이콥스가 어떻게 퀄컴을 키워왔는지를 체감할 수 있는 대목입니다.

조직구성원이 성공과 성장을 이뤄내도록 섬기고 코칭 하는 것이 진정한 리더의 역할입니다.

7

다윗이 골리앗을 이길 수 있는 유일한 힘은 집중과 속도뿐이다.

- **이해진**(네이버 창업자) -

2012년 사내 강연에서 구글, 애플과의 경쟁 상황을 설명하며 이해진 네이버 창업자가 한 말입니다.

한국에 IT산업이 등장한 이래 가장 높은 사업 성취를 이룬 사람으로 삼성그룹 이건희 회장을 꼽는다면, 한국에 스타트업이 등장한 이래 가장 높은 사업 성취를 이룬 사람으로 네이버 창업자 이해진을 꼽을 수 있죠. 2000년대부턴 이미 초등학교 선생님이 학생들에게 검색할 때 네이버를 사용하라고 가르칠 정도로 국민 포털이 된 네이버입니다. 역시 집중과 속도 덕분이었을까요?

영국의 평론가이자 역사가인 토마스 칼라일은 "아무리 약한 사람이라도 단 하나의 목적에 자신의 온 힘을 집중함으로써 무엇인가 성취할 수 있다. 반면에 아무리 강한 사람이어도 그의 힘을 많은 목적에 분산시키면 어떤 것도 성취할 수 없다."라고 강조한 바 있습니다.

빛이 한군데로 모여야 강력한 힘을 발휘하는 것처럼, 일도 인생도 집중이 이뤄질 때 비로소 성과가 나오기 시작합니다.

집중하면 강철도 뚫을 수 있겠지요?

8

비즈니스의 비결은 기회를 딱 붙잡는 거야.

- **베르나르 아르노**(LVMH 회장) -

2023년 4월 기준 세계 최고 부호인 모엣 헤네시·루이 비통(LVMH) 베르나르 아르노 회장. 그는 어떻게 세계 1위 명품기업 LVMH의 회장이 되어 LVMH를 지금의 자리에 올려놓은 것일까?

놀랍게도 아르노 회장은 패션과는 전혀 인연이 없었습니다.

공대 출신인 그가 미국을 처음 방문했을 때의 일입니다. 택시 기사에게 "프랑스 하면 떠오르는 게 뭐냐?"고 묻자 "대통령 이름은 몰라도 크리스찬 디올은 안다."라는 답을 들었습니다. 택시 기사의 답변에 적잖은 충격을 받은 아르노 회장은 전 세계 누구나, 심지어 택시 기사조차도 알고 있는 명품의 힘을 본능적으로 직감하게 됐습니다. 아르노 회장이 명품사업에 발을 들인 것은 그로부터 3년 후인 1984년으로 당시 35세였습니다.

택시 기사의 한마디에 그는 명품이라는 새로운 기회의 땅을 찾아내었고, 과감한 구조조정과 공격적 인수합병을 통해 오늘날 루이비통·크리스챤 디올·펜디·불가리·티파니앤코 등 80여 개에 달하는 럭셔리 브랜드를 보유한 LVMH로 성장시킬 수 있었던 것이지요. 그의 말대로 기회를 딱! 붙잡은 셈입니다.

"기회를 잘 타면 성공에 도달하지만 놓치면 인생 항로는 여울에 박혀 불행하기 마련"이라는 셰익스피어의 말이 떠오르네요.

9

'0.5% 법칙'이 성공을 가른다.

- **미키타니 히로시**(라쿠텐 창업자이자 CEO) -

일본 전자상거래업체 라쿠텐 창업자 미키타니 히로시 회장은 보수적인 일본 사회에서 보기 드문 혁신 기업인으로 통합니다. 인터넷 개념이 생소했던 1997년 온라인 쇼핑몰 사업을 시작해 이를 기반으로 금융, 여행, 스포츠, 이동통신 등 다양한 분야로 영역을 확장해 오늘날 라쿠텐을 일본의 IT 대기업으로 성장시킨 장본인이기도 합니다. 미키타니 회장의 성공 법칙은 다음 3가지로 압축됩니다.

1) 마지막 0.5% 노력이 성과에서 큰 차이를 낳는다.

2) 일을 재밌게 해야 비즈니스에서 성공한다.

3) 도전하는 정신을 잃으면 성취감은 사라진다.

첫 번째 성공 법칙의 '마지막 0.5% 노력'이란 어떤 의미일까요? 사람들은 대개 성과가 나면 80~90% 선에서 노력을 그만두는데, 거기까지는 모두가 하는 일이기에 큰 차이가 나지 않는다고 합니다. 그러나 여기서 한 걸음 더 나아가 마지막 0.5%의 노력을 기울이면 성과에서 큰 차이를 낳는다는 의미입니다. 역시 노력을 이기는 재능은 없고 노력을 외면하는 결과도 없는가 봅니다.

마지막 혼을 다한다면 평범한 사람도 비범한 사람이 될 수 있습니다.

10

나는 사람들이 자신의 꿈을 따라야 한다고 믿는다. 난 그렇게 했다.

- **래리 엘리슨**(오라클 창업자) -

오라클의 창업자 래리 엘리슨은 미국 10대 부호에 선정될 만큼 어마어마한 부를 쌓은 재벌인 동시에, 불우한 가정환경을 딛고 그만의 독특한 성공방식으로 세계적인 기업가가 된 인물입니다.

빈민가에서 태어나 양부모에게 입양된 래리 엘리슨은 시카고 대학에 입학하여 당시 세상을 바꿀 기술로 떠오르고 있던 컴퓨터를 처음 접합니다. 곧바로 대학을 중퇴하고 컴퓨터 산업의 본산인 실리콘밸리의 일원이 되는데, 래리 엘리슨은 실리콘밸리의 초기 개척자 중 한 명인 셈이지요. 그곳에서 '소프트웨어 개발 연구소(SDL)'를 설립하고 몇 년 후 회사 이름을 주력 상품 '오라클 데이터베이스'에서 따온 '오라클'로 최종 결정합니다. 이후 오라클은 세계 최대 엔터프라이즈급 소프트웨어 회사로 성장하여 전 세계 대기업 중에 오라클의 제품을 쓰지 않는 기업은 거의 없을 정도로 오늘 우리 사회에 엄청난 영향력을 미치고 있습니다.

래리 엘리슨은 남들이 뭐라 하든 흔들리지 않고 자신의 꿈을 믿었습니다. 그 결과 성공이란 열쇠를 손에 쥘 수 있었지요.

성공의 시발점은 '꿈'임을 잊지 마십시오.

11

결국 답은 고객에게 있다. MUST-HAVE 경쟁력을 가져야 한다.

- **정용진**(신세계그룹 부회장) -

정용진 부회장은 한국후지쯔 유통사업부에서 직장생활을 시작한 뒤 신세계 전략기획실 전략팀 대우이사로 입사해 경영지원실 부회장을 거쳐 신세계와 이마트 대표이사 부회장을 차례로 맡았습니다.

이후 10여 년 전 재계 순위 22위였던 신세계 그룹은 2023년 12위로 뛰어올랐습니다. 정 부회장의 새로운 사업을 펼치는 남다른 안목과 열정적 사세 확장 결과라는 게 재계 안팎의 시선입니다.

그는 늘 고객의 불만에서 답을 찾아야 한다고 강조합니다. 빠르게 변화하는 유통 환경에 대응하기 위해서는 고객의 목소리로 중심을 잡아야 하며, 고객 입장에서 만족스럽지 못한 점을 찾아 개선하고 혁신해야 한다는 것입니다. 이를 위해선 각사별로 갖춰야 할 근본적인 본연의 경쟁력, 'MUST-HAVE' 역량을 확실히 선점해야 한다고 말이지요.

'도전과 혁신의 아이콘'이라는 평가를 받음과 동시에 새로운 유통 트렌드를 주도하고 있는 '정용진식 오너 경영'이 어디까지 통할지 귀추가 주목됩니다.

고객의 불만에 진심으로 귀 기울여 주는 기업들이 더 많아지면 좋겠습니다.

12

창업을 하고 싶은가?
그렇다면 먼저 이상을 품어라!

- **마윈**(알리바바 창업자) -

마윈은 1995년 미국 시애틀에서 처음으로 인터넷을 접했는데 당시에는 중국 상품에 대한 정보를 하나도 찾을 수 없었습니다. 그는 엄청난 충격을 받았고 바로 그때 '언젠가는 외국인들이 인터넷으로 중국 기업, 중국 상품을 검색하게 하리라!'는 원대한 이상을 품게 되었습니다. 그 길로 마윈은 아내, 그리고 친구 한 명과 함께 자본금 2만 위안으로 '항저우하이보(杭州海博)'라는 인터넷 회사를 차렸고, 여러 우여곡절 끝에 드디어 1999년 친구와 함께 알리바바를 창업했습니다.

그에게는 중국이 언젠가는 반드시 세계 최대의 인터넷 강국이 되리라는 믿음이 있었습니다. 중국의 엄청난 인구수를 볼 때, 중국의 네티즌 수는 미국을 능가할 것임이 자명했기 때문입니다. 중국에서 탄생하는 세계 최강의 인터넷 기업, 이는 마윈의 희망이자 이상이었습니다. 마윈은 전자상거래 영역에 도전하였고, 그 결과 현재 알리바바는 세계 최대 규모의 온라인 쇼핑몰로 자리매김하게 된 것입니다.

미래는 이상을 품은 자에게 열립니다. 스스로 원대한 목표를 세우고 이상이 이끄는 대로 한 걸음 한 걸음 미래를 향해 나아가야 합니다.

13

노인 고객을 잡기 위한 전략? 전혀 없습니다.

- **야나이 다다시**(유니클로 창업자이자 CEO) -

전 세계가 고령화 사회로 가고 있는 현 상황에서, 많은 기업이 고령화 전략이라는 이름으로 노인 고객을 위한 경영전략을 내세우고 있습니다.

하지만 유니클로라는 중가 의류 브랜드 하나로 일본 최고의 부자 반열에 오른 야나이 다다시 회장의 생각은 달랐습니다.

"나도 환갑을 넘긴 노인이지만, 노인용 옷이라고 하면 그 옷을 다시는 입고 싶지 않다고 말합니다. 그러니 노인 고객만을 위한 사업전략은 탁상공론일 뿐입니다."

야나이 다다시는 아버지의 양복점을 물려받아 1984년 일본 히로시마에 유니클로 1호점을 선보인 지 25년 만에 미 포브스지가 발표한 일본 갑부 순위 1위에 오른 인물입니다.

그는 오랜 경험으로 상품 기획과 판매에 있어 고객의 마음이 가장 중요하다는 것을 아는 경영자였던 것이죠. 야나이 다다시 회장의 한마디는 가장 효과적인 경영전략은 고객의 기분을 먼저 헤아리는 데서 시작된다는 것을 잘 보여 주는 예입니다.

어설픈 타깃 전략은 오히려 독이 될 수도 있지요. 고객의 마음을 진정으로 헤아리고 있는지, 진심으로 배려하고 있는지 먼저 되돌아봐야겠습니다.

14

일하고 싶은 100대 기업을 골라서 상위권에 오른 기업에 투자하면 절대 실패하지 않을 것이다.

- **제프리 페퍼**(스탠퍼드대 경영대학원 석좌교수) -

제프리 페퍼는 미국 스탠퍼드대 경영대학원 석좌교수이자 세계에서 가장 영향력 있는 비즈니스 사상가로, 지난 30년간 상식으로 여겨왔던 경영학 이론들을 증거자료를 바탕으로 하나씩 변화시킨 인물입니다.

"근본적으로 기업의 기술적 우위는 오래가지 않습니다. 오직 사람을 통한 경쟁우위만이 기업을 지속적으로 지켜줍니다."

그는 사람들이 일하고 싶어 하는 기업이라면 재무제표는 볼 필요도 없다고 말합니다. 그 기업은 틀림없이 성공할 테니까요.

생각해 보면 당장 매출 얼마를 달성하는 것 보다 누구나 일하고 싶어 하는 기업의 자리에 오르기가 훨씬 어렵습니다.

그것은 얄팍한 상술로 달성할 수 있는 것이 아니라, 오랜 세월 축적된 정신과 문화가 있어야 가능한 일이기 때문입니다.

역사적으로도 민심을 거스르고 오래간 왕조는 없었지요.

15

경기가 좋을 때도 지나치게 낙관적이지 않고, 경기가 나쁘다고 해도 지나치게 비관적으로 받아들이지 않는다.

- **리카싱**(청쿵(CK)그룹 창업자) -

〈포브스〉에서 선정한 아시아 최고의 부자, 리카싱 회장의 경영 원칙입니다. 홍콩 사람들은 리카싱이 건설한 아파트에서 자고 일어나 그가 만든 도로와 교량을 이용해 출퇴근하고, 또한 그가 설립한 마켓에서 제품을 구입합니다. 홍콩 사람이 1달러를 지불할 때마다 리카싱은 5센트의 수익을 낸다는 말이 있을 정도죠. 그러나 그 자신은 10년 된 양복을 입고 고무 밑창을 댄 값싼 구두를 신는 등 근검절약 CEO로 홍콩 사람들에게 큰 존경을 받고 있습니다.

'물극필반(物極必反)'이란 말이 있습니다. 사물의 전개가 극에 달하면 반드시 반전한다는 의미죠. 이 말은 호황이 정점에 이르면 반드시 불황이 찾아오고, 끝이 보이지 않는 불황인 것 같아도 반드시 반전되어 호황이 시작된다는 일종의 경제원칙입니다. 리카싱 회장의 말을 거울삼아, 주변 상황에 일희일비하지 말고 미래의 가치를 철저히 분석해서 대응하면 불경기에도 흔들리지 않는 회사를 만들 수 있을 것입니다.

권력의 종착점인 대통령 자리에 오르고 나면 5년 이내에 하락을 시작한다는 것을, 위정자들은 정말 모르는 것일까요? 아니면 모르는 척하는 것일까요?

16

최고경영자에게 가장 중요한 것은 머릿속에 그린 5년 뒤, 10년 뒤의 비전이다.

- **손정의**(소프트뱅크 회장) -

'야후'로 대표되는 소프트뱅크의 손정의 회장은 '일본의 빌 게이츠'로 불리며, 포브스가 2018년 발표한 일본인 부자 순위 1위에 올랐습니다. 그의 성공비결은 한마디로 '시대의 흐름을 꿰뚫어 보는 혜안'이라고 할 수 있을 것입니다. 즉, 그에게는 미래를 내다볼 줄 아는 안목이 있었던 것이죠.

손정의 회장의 첫 번째 사업 아이템은 컴퓨터 소프트웨어 도매업이었습니다. 당시 수많은 사람이 소프트웨어 개발에 집중하고 있을 때, 그는 소프트웨어 보급을 준비했습니다. 결과적으로 그 판단은 옳았습니다.

덕분에 그의 총자산은 1994년 기업공개 당시 약 2,000억 엔(한화로 약 2조 802억 원)이었던 것이 2018년 기준 약 2조 2,900억 엔(약 23조 8,180억 원)으로 10배 이상 늘었다고 합니다.

손정의 회장은 뛰어난 개발자는 아니었지만, 시대의 흐름을 읽고 자기만의 비전을 세웠기에 훌륭한 사업가로 성공할 수 있었습니다.

자동차 개발을 지켜보다가 주유소 사업을 구상한 록펠러가 생각나네요.

17

다른 사람의 삶을 살며 생을 낭비하지 마십시오. 늘 갈망하고, 우직하게 나아가십시오.

- **스티브 잡스**(애플의 공동창업자이자 전 CEO) -

향년 56세로 우리 곁을 떠난 창조경영의 대명사 스티브 잡스. 태어나자마자 버려져 양부모에게 입양, 등록금이 없어 대학을 중퇴하고 애플을 창업해 큰 성공을 거뒀으나 자기가 만든 회사에서 쫓겨난 뒤 픽사를 창업하고 다시 애플로 돌아와 수많은 제품을 히트시키고 세상을 떠나기까지, 그는 극적인 삶만큼이나 놀라운 업적을 쌓아온 경영인입니다.

세계 최초의 개인용 컴퓨터 '애플'과 '애플2', 최초의 3D 애니메이션 〈토이 스토리〉, MP3 플레이어 '아이팟', 위기에 직면했던 애플사를 살린 '아이맥'과 '아이폰'까지, 그의 상상 속에서 나온 제품 모두가 세상 사람들의 삶을 획기적으로 바꿔 놓았습니다.

혁신은 나이나 지위와는 전혀 상관없습니다. 한 사람의 끊임없는 갈망과 우직한 소신이 수많은 사람의 삶을 180° 변화하게 만들 수 있다는 사실을 우리는 늘 기억해야 할 것입니다.

스티브 잡스조차 실패와 실수를 거듭했습니다. 다만 실패했어도 좌절하지는 않았지요. 좌절하느라 시간을 낭비하지 마십시오.

18

기부 + 사업?
친구들은 가장 멍청한 생각이라고 했죠.

- **블레이크 마이코스키**(탐스 창업자이자 CEO) -

2006년 아르헨티나를 여행하던 블레이크 마이코스키는 저개발국 아이들에게 신발을 나눠주는 자원봉사자들을 만났습니다. 가난한 저개발국 아이들에게, 질병을 예방하고 멀리 떨어진 학교에 갈 수 있게 해주는 신발은 무척 소중한 선물이었죠.

그는 신발 한 켤레를 팔면 한 켤레를 저개발국에 기부하는 방식에 착안하여 사업을 시작했습니다. 주변 사람들은 그렇게 해서 이윤이 남겠느냐며 고개를 저었지만, 4년이 흐른 후 '내일을 위한 신발(Shoes for Tomorrow)'이라는 뜻을 가진 회사 탐스 슈즈(TOMS Shoes)는 의미 있는 소비를 원하던 전 세계의 소비자들을 열광시키고 있습니다.

마이코스키는 소유를 줄이기 위해 살고 있던 집도 팔고 항구의 작은 배 위에서 생활한다고 합니다. 비우고 내려놓으면 다시 채워지게 마련인 세상의 진리를 젊은 나이에 깨달은 것입니다.

기부를 모르면 기업인이라 할 수 없겠죠. 그냥 장사꾼이지….

19

살아 있는 한 절망하지 마라.

- **어니스트 섀클턴**(영국의 탐험가) -

2010년, 칠레의 한 광산에서 매몰되었던 광부 33명 전원이 69일 만에 무사히 구조되어 화제가 되었습니다. 무엇보다도 감동적이었던 것은 이들이 서로를 위하는 모습이었죠. 그 중심에는 작업반장 루이스 우르수아가 있었습니다. 그의 모습에서 어니스트 섀클턴이라는 위대한 탐험가가 투영되어 보였던 것은, 두 사람에게 진정한 리더십이라는 공통점이 있었기 때문일 것입니다.

1909년, 섀클턴은 당시 인류가 도달할 수 있는 최남단인 남위 88도 23분에 도달했으나 남극대륙 횡단에는 실패했습니다. 그러나 오늘날 사람들은 이를 '위대한 실패', '위대한 항해'라고 부릅니다. 섀클턴의 뛰어난 리더십 덕분에 전 대원 27명이 남극 빙벽에서 634일이라는 긴 시간을 견디고 무사히 귀환했기 때문입니다.

그는 늘 먼저 희생함으로써 대원들에게 희생정신과 서로를 격려하는 마음을 불러일으켰고, 덕분에 모두 무사히 살아 돌아올 수 있었습니다. 섀클턴과 우르수아의 모습에서 우리는 어떤 어려움 속에도 '언제나 길은 있다'라는 희망을 발견할 수 있습니다.

이순신 장군도 12척의 배로 133척의 적을 맞아 이길 수 있다는 신념으로 기적을 만들어냈지요.

20

'공감'은 인간의 모든 능력 가운데 가장 으뜸가는 것이다.

- **제러미 리프킨**(미국 경제학자) -

세계적인 경제학자이자 워싱턴 경제동향연구재단 이사장인 제러미 리프킨에 따르면, 인간은 호모 엠파티쿠스(공감하는 인간)라고 합니다. 그는 적자생존의 시대가 끝나고, 이제 오픈 소스와 협력이 이끄는 3차 산업혁명의 시대가 도래하였다고 주장합니다.

실제로 요즘 사회 전반에서 두각을 나타내고 있는 사람들은 다른 사람과 소통하고 공감하는 능력이 뛰어난 사람들입니다. 그래서인지 최근 광범위한 분야에서 정치인, 기업인, 작가 등 많은 이들이 SNS를 이용해서 유권자와 소비자, 독자의 마음을 잡으려고 노력하고 있습니다. 짧고 빠른 한마디로 '공감'을 얻어 쌍방향의 '소통'을 끌어내려고 노력하는 것이죠.

타인이 행복해하는 모습을 보면서 나 자신도 행복을 느끼고 타인이 힘들어하는 것을 보면서 측은지심을 느끼는 마음, 이 마음이 바로 '공감'의 시작 아닐까요? 개인과 개인 사이에서뿐만 아니라, 기업의 비즈니스와 마케팅에서도 공감이라는 키워드는 이미 거스를 수 없는 흐름이 되고 있습니다.

소통과 공감은 억지로 되는 게 아니라는 것도 명심하십시오.

21

임기응변식 사태 해결은 소비자를 속이는 것이다. 이는 우리의 신조에 어긋나는 행동이다.

- **윌리엄 웰던**(존슨앤드존슨 전 CEO) -

1982년 어떤 정신질환자가 미국 시카고 내의 일부 타이레놀 캡슐에 청산가리를 집어넣었고, 이 때문에 8명이 사망하는 사건이 일어났습니다. 사건 발생 일주일 만에 타이레놀의 시장점유율은 6.5%로 떨어졌고 존슨앤드존슨(J&J)은 심각한 위기를 맞게 되었죠.

회사는 즉각 사실을 알리고 타이레놀 총 3,100만 병을 거둬들였습니다. 심각한 위기를 맞아 모두가 브랜드명을 바꾸자고 했을 때, 당시 CEO 윌리엄 웰던은 손해를 감수하더라도 '우리의 신조'를 지켜야 한다며 위와 같이 말했다고 합니다. '우리의 신조'란 존슨앤드존슨이 1943년 세운 사명입니다. 회사의 방향성을 제시한 이 윤리원칙은 존슨앤드존슨이 위기에 처할 때마다 다시 일어서게 해 준 원동력이 되었습니다. 이처럼 원칙에 따라 신뢰 회복에 최선을 다한 결과, 존슨앤드존슨은 6개월 뒤 명성을 회복할 수 있었습니다.

요트에서 프로와 아마추어의 차이는 역풍이 불 때 비로소 알 수 있습니다. 상식과 윤리에 기반한 의사결정을 내린 존슨앤드존슨은 진정한 윤리경영의 프로라고 할 수 있을 것입니다.

모든 정치인과 기업인들에게 건전한 상식과 윤리 의식이 뿌리내리길!

22

시슬리의 경쟁회사는 애플이다.

- **필립 도르나노**(시슬리 사장) -

'귀족이 만든 귀족의 화장품', 프랑스의 세계적인 화장품인 시슬리(SISLEY)를 일컫는 말입니다. 시슬리는 프랑스의 한 귀족 집안이 만든 기업입니다.

1976년에 설립된 시슬리가 비교적 짧은 기간 내 정상에 오를 수 있었던 것은 '자연주의를 표방한 최고의 품질'에 있었습니다. 제품력의 기본이 되는 것은 원료인데 시슬리는 50여 종의 식물을 주원료로 사용합니다. 식물의 종류뿐 아니라 재배지, 수확시기, 추출법 등도 엄격하게 따지죠. 예를 들어 인삼은 한국산을 쓰는 식입니다.

시슬리의 필립 도르나노 사장은 이렇게 말합니다.

"우리의 경쟁사는 애플이고 경쟁상품은 아이팟입니다. 분야는 다르더라도 창의적이고 제품의 질이 뛰어나기 때문이죠."

제품 하나를 내놓는 데 10년 이상이 걸리고, 광고는 별로 하지 않는 대신 샘플을 사용하게 함으로써 제품력으로 승부하는 회사 시슬리, 부실한 속내를 감추려 과도한 포장을 일삼는 회사들이 조금이라도 본받았으면 하는 바람입니다.

품질에서 앞서지 못하면 기업의 규모가 아무리 크고 좋은 경영전략을 갖고 있다고 해도, 거리의 약장수와 다를 바 없겠지요.

23

남을 너그럽게 받아들이면 사람들의 마음을 얻게 되고 위엄과 무력으로 다스리면 사람들의 노여움을 사게 된다.

- **세종**(조선 제4대 왕) -

요즘 소통과 헌신이 리더의 덕목으로 손꼽히면서 세종이 재조명되고 있습니다. 개혁 군주 정조가 롤 모델로 삼았던 세종은 소통하는 리더, 헌신하는 리더였습니다.

"내가 궁중에 있어 민간의 일을 다 알 수 없으니, 만일 이해관계에 관하여 민간에 절실한 일이 있으면 너희가 마땅히 나에게 모두 아뢰라."

세종은 강원도에 대기근이 들자 대군들의 토지를 일부 거둬들여 백성들에게 나눠주고, 노비들에게도 출산휴가를 주었습니다. 또한 신분이 낮다며 반대하는 이들을 설득해 신분에 관계없이 인재를 등용하기도 했습니다. 노비 출신 장영실이 그 대표적인 예입니다.

이 밖에도 여론조사, 여성을 위한 여의사 선발 교육 등 창의적이고 혁신적인 정책을 추진했습니다. 이 모든 것의 중심에는 백성을 위하는 마음이 있었습니다.

가장 낮은 곳까지 민심을 살피는 그 마음 씀 덕분에, 후대는 아직도 세종을 '우리 역사상 가장 존경받는 왕'으로 기리고 있습니다.

가정이든 사업이든 정치든 핵심은 마음입니다.

24

5%가 아니라 95%를 위한 물건을 만들어야 한다.

- **헨리 포드**(포드 창업자) -

1903년 대중을 위한 자동차를 만들겠다는 포드의 발언은 당시 모두의 비웃음을 샀습니다. 그런데도 포드는 가족과 개인이 운전과 정비를 모두 손쉽게 할 수 있는 자동차를 선보이겠다고 사람들 앞에서 호언장담했습니다.

그러나 그의 오랜 친구들마저 망하려고 작정했다면서 고개를 절레절레 저었습니다. 당시의 상식으로는 상위 5%의 부자들은 남들과 똑같은 색상과 성능을 가진 자동차라면 거들떠보지도 않을 것이며, 값싼 자동차가 성능까지 좋을 수는 없었기 때문이죠.

그러나 포드의 자동차는 그해에만 1만 대가 넘게 팔렸고, 1911년에는 3만 대, 1913년에는 10만 대가 넘게 팔렸습니다. 얼마 뒤에는 지구상의 자동차 100대 중 68대가 포드 자동차로 채워졌죠.

물론 포드에게는 나치즘에 협력한 어두운 모습도 있습니다. 그렇지만 일반 노동자까지 자신이 생산한 자동차를 가질 수 있는 시대를 열었다는 점에서, 새로운 시각으로 고객을 창출한 CEO로서의 포드는 오늘날의 경영자들에게 커다란 시사점을 제시하고 있습니다.

'제품'과 동시에 '새로운 고객'까지 창조할 수 있는 힘은 아이디어와 CEO의 신념에서 나온 것이었군요.

25

기업도 생물이 진화하듯 자연스럽게 변해야 오래 살아남는다.

- **조르겐 빅 크누드스톱**(레고 전 CEO) -

지난 1932년 창립한 뒤 장난감 분야에서 수십 년간 독보적인 존재로 군림하던 레고. 그러나 1990년대 이후 비디오게임과 컴퓨터 게임의 등장으로 입지가 갈수록 줄어들어, 2004년에 레고는 급기야 약 4천억 원에 달하는 적자를 기록하게 됩니다.

이때 레고의 신임 CEO로 취임한 조르겐 빅 크누드스톱은 "레고는 움직일 수 없다"와 "레고의 고객은 어린이"라는 두 가지 고정관념을 깨고, 움직이는 레고 로봇인 '마인드스톰'과 성인을 겨냥한 '스타워즈' 시리즈를 내놓음으로써 제2의 전성기를 이루었습니다. 덕분에 이제 레고 모형들은 계단 오르기와 같은 복잡한 동작들까지 해낼 수 있게 되었죠.

세상은 과거와 다른 환경 속에서 빠르게 변화하고 있습니다. 스스로 고정관념을 버리지 못하면 변화에 적응하지 못하고, 결국 시대의 흐름의 대열에서 뒤처지고 말 것입니다. 생물의 진화처럼 기업도 변화해야 한다는 그의 말처럼, 이제 기업의 변화는 선택이 아닌 생존을 위한 필수가 되었습니다.

혹시 지금 고정관념에 사로잡혀 새로운 도전을 주저하고 있지는 않은가요?

26

문제는 경제야, 바보야!

- **제임스 카빌**(미국 전략전문가) -

"문제는 경제야, 바보야! (It's the economy, stupid!)"

1992년 미국 대선에서 빌 클린턴이 선거 구호로 외친 말입니다. 당시 클린턴에게 복잡한 정책 대신 이 구호를 추천한 사람은 바로 정치고문이던 제임스 카빌이었습니다. 라이벌이었던 부시가 자신의 업적에 대한 긴 설명을 늘어놓은 데 비해, 클린턴은 짧고 단순한 이 구호로 국민들에게 경기 부양의 메시지를 명확하게 전달하는 데 성공했습니다.

전 미국 대통령이자 뛰어난 전략가였던 아이젠하워 역시 단순화의 달인으로 유명합니다. 역사상 최대 군사작전인 노르망디 상륙작전에 성공한 뒤 참모부가 종전 메시지를 무엇으로 할지 고민할 때, 그는 그냥 이렇게 썼습니다. "연합군의 임무는 1945년 5월 7일 현지 시각 02시 14분부로 완료되었다."

복잡하고 긴 설명으로는 상대방의 공감과 이해를 얻기 어렵습니다. 중요한 것은 지식이 아닌 상대방과의 소통임을 명심해야 합니다.

2008년 민주당 대선후보 버락 오바마도 클린턴과 같은 슬로건을 들고나와 미국 최초 흑인 대통령으로 당선되었죠. 역사는 돌고 돕니다.

27

내가 파산한 이유는 내가 쓴 대로 살지 않았기 때문이다.

- **스티븐 R. 코비**(미국 작가, 경영전문가) -

2010년 세계적인 베스트셀러 『성공하는 사람들의 7가지 습관』의 저자이자 성공학의 대가인 스티븐 R. 코비의 파산 소식이 알려지자 전 세계가 놀랐습니다.

당시 한 기자가 그에게 질문을 던졌습니다.

"성공학으로 많은 사람에게 성공의 영감을 안겨줬는데 왜 파산하게 된 겁니까?"

위의 말은 이에 대한 대답으로 스티븐 R. 코비가 한 말입니다.

이제는 철학자 베이컨이 남긴 "아는 것이 힘이다"라는 명언이 "실천하는 것이 힘이다"로 바뀌고 있습니다. 실천 없이 알기만 하는 것으로 이룰 수 있는 것은 아무것도 없습니다.

세계적인 성공학자로 30여 년간 수많은 강연을 다닌 스티븐 R. 코비의 파산에서, 많이 아는 것이 중요한 것이 아니라 하나를 알아도 실천하는 것이 중요한 것임을 깨닫게 됩니다.

스티븐 코비처럼 성공하기도 힘들지만, 그렇게 성공하고도 파산하기는 더욱 힘들 것 같습니다.

28

라파엘처럼 그림을 그리는 데 4년이 걸렸다. 그러나 어린아이처럼 그림을 그리는 데는 평생이 걸렸다.

- **파블로 피카소**(스페인 화가) -

내세울 것이라고는 성실히 일하는 능력밖에 없어서 초라한가요? 왜 내게는 성공한 사람들처럼 화려한 언변이나 뛰어난 재능이 없을까 한탄하고 있지는 않나요? 그렇다면 잘못 생각하고 있는 것입니다. 지루한 일, 단순한 일이라도 끊임없이 성실히 해 나가는 우직함이야말로 인생을 보다 가치 있게 만드는 진정한 능력이니까요.

시간과 인내를 이야기할 때 주로 사용하는 예화 가운데 피카소의 이야기가 있습니다. 피카소는 한 부유한 여인의 부탁을 받고 10여 분 동안 인물 스케치를 해 주었습니다. 스케치를 보고 마음에 들었던 여인은 피카소에게 그림이 얼마인지 물었습니다. 이에 피카소는 50만 프랑(약 8천만 원)이라고 대답했습니다.

"10분 동안 그렸는데 50만 프랑이라니, 너무 비싼 것 아닌가요?"

그러자 피카소는 이렇게 대답했다고 합니다.

"천만에요. 저는 이 그림을 그리는 데 40년 이상 걸렸는걸요."

40여 년간 쉬지 않고 노력해 결국 거장이 된 피카소의 말을 되새긴다면, 오늘의 지루한 '일상'도 특별한 날이 될 것입니다.

기다림의 힘은 인생사 전체를 관통한다는 것을 잊지 말아야겠습니다.

29

새는 알을 깨고 나온다. 알은 새의 세계이다. 태어나려는 자는 하나의 세계를 파괴하지 않으면 안 된다.

- **헤르만 헤세**(독일 소설가, 시인) -

우리나라 최초의 남성 패션디자이너 고 앙드레 김. 어릴 때부터 예술에 대한 열정이 남달랐던 그는 어느 날 오드리 헵번 주연의 〈파리의 연인〉이란 영화에 나온 아름다운 의상들을 보고 감탄해서 패션디자이너가 되기로 결심했습니다.

앙드레 김은 1961년 국제복장학원에 1기생으로 입학해 디자이너 수업을 받고, '살롱 앙드레'를 열어 국내 최초로 남성 패션디자이너가 되었습니다. 디자인은 여성들이 하는 일이라는 고정관념을 깨뜨린 앙드레 김은 정해진 틀에 얽매이지 않는 사람이었습니다. 그 자신도 화려하고 독특한 겉모습 탓에 가까이하기 어려울 것이라는 고정관념과는 달리, 소탈함으로 대중에게 친근하게 다가섰던 사람이기도 했습니다.

고정관념으로 인해 정해진 틀 안에 갇혀 있으면 그 틀만큼만 성장할 수 있습니다. 스스로 만들어 놓은 틀, 나아가 세상이 만들어 놓은 틀을 깨뜨려야 더 크게 성장할 수 있는 것입니다.

평범한 대중이 만든 고정관념이 평범하지 않은 한 인간의 열정을 가둘 수는 없습니다.

30

구글은 빠른 속도로 혁신한다.
그것이 구글의 가장 큰 강점이다.

- **에릭 에머슨 슈미트**(구글 전 CEO) -

세계에서 가장 성공적인 인터넷 검색엔진 기업은? 바로 구글이죠.

에릭 슈미트 회장은 구글의 고속 성장에 주춧돌과 같은 역할을 한 인물입니다. 그는 반 MS 진영의 리눅스 업체인 노벨사의 CEO로 있다가 2001년 구글에 합류했습니다. 처음 구글의 영입 제의를 받았을 때만 해도 적자에 시달리는 신생 기업에 갈 생각이 없었습니다. 그러나 구글 창업자인 두 청년을 만난 뒤 기발한 상상력과 깊은 통찰력에 감탄해 전격적으로 합류를 결정, 그 후 그들과 함께 성공 신화를 써왔습니다.

구글에서는 모든 엔지니어에게 근무 시간의 20%를 자신이 흥미를 느낀 프로젝트에 쓰도록 권합니다. 지메일, 구글 뉴스 등 구글의 새로운 서비스 중 절반 정도가 이 20%의 자유로운 프로젝트에서 나왔다고 합니다. 그 새로운 서비스들이 후발주자였던 구글을 세계 최고의 자리에 올려놓았습니다.

혁신은 틀에 박힌 사고와 문화 속에서는 기대할 수 없습니다. 새로운 미래는 자유로운 사고방식에 의해서만 구현될 수 있을 것입니다.

그래서 군대문화에는 변화가 없는 것일까요?

31

나는 마음으로 봅니다.

- **헨리 그룬왈드**(타임 전 편집장) -

기자들의 잔심부름을 하는 사환으로 〈타임〉지에 입사해서 편집장의 자리까지 오른 전설적인 언론인 헨리 그룬왈드는 1992년 자신이 황반변성에 걸린 것을 알게 되었습니다. 황반변성이란 눈의 황반이라는 부분에 변성이 생겨 시력이 나빠지는 질병입니다. 평생을 글과 더불어 살아온 그에게 황반변성이라는 선고는 하늘이 무너지는 것 같은 절망이었습니다. 여자 화장실에 잘못 들어가 당황하기도 하고 사랑하는 이들의 얼굴이 흐릿하게 보이는 등의 어려움을 겪으며, 그는 점차 마음의 눈으로 사물을 보게 되었습니다.

어느 날, 칵테일파티에 참석한 그는 우아하면서도 발랄한 한 숙녀와 즐겁게 대화를 나누었습니다. 그 뒤 우연한 기회에 파티를 연 안주인을 만나 그 숙녀를 칭찬하자, 안주인은 웃음을 참으며 이렇게 말했습니다.

"그분은 70대 노부인인데요."

그처럼 마음의 눈으로 보면 보통 사람들은 볼 수 없는 것들도 볼 수 있습니다. 시력을 잃지 않고도 마음의 눈으로 볼 수 있다면 얼마나 좋을까요.

마음으로 볼 수 있는 사람들이 늘어난다면 세상은 좀 더 살기 좋아질 텐데요.

32

주름살도 아름답다, 건강하기만 하다면.

\- **바비 브라운**(바비브라운 CEO) -

바비 브라운은 자신의 이름을 딴 화장품을 세계적인 명품으로 만들어낸 성공한 여성 창업자이자 CEO입니다. 대학에서 무대 메이크업을 전공한 그녀는 인위적인 화장을 전문으로 하다 보니 오히려 자연스러운 메이크업이 더 아름답다는 사실을 깨닫고, 스스로 화장품을 만들기 시작해 지금의 명품 브랜드를 만들어 냈습니다.

그녀는 모든 여성이 내면의 아름다움을 키우고 자신감을 가질 수 있다는 '프리티 파워풀'이라는 캠페인을 진행하고 있습니다. 이와 함께 저소득층 여성의 취업과 재기를 도와주는 '드레스 포 석세스'라는 프로그램에도 활발히 참여하고 있죠.

"건강하고 자연스러운 것이 아름답다"라는 철학을 바탕으로 건강한 라이프 스타일을 널리 알리려 노력하는 그녀의 모습은, '바비 브라운'이라는 브랜드를 빼더라도 충분히 아름답습니다.

요즘은 주름살을 없애 주는 보톡스 시술을 월례 행사로 받는 여성들이 많습니다. 그들 중에도 '바비 브라운' 제품을 사용하는 사람들이 있을 것입니다. 이제부터는 그 제품을 사용할 때마다 창업자인 바비 브라운의 철학을 한 번쯤 되새겨 보면 어떨까요?

여러 분야에서 점점 자연스러움의 가치가 귀하게 여겨지고 있습니다.

33

인간이 가장 행복을 느끼는 순간은 자신이 좋아하는 일에 빠져 있을 때이다.

- **미하이 칙센트미하이**(미국 심리학자) -

매일같이 편지에 날짜 스탬프를 찍는 일을 하는 우체국 직원에게 누군가 물었습니다. "날마다 이렇게 똑같은 일을 하는 게 지겹지 않습니까?" 그러자 그는 이렇게 대답했습니다. "아뇨, 전혀 지겹지 않습니다. 매일 날짜가 다르니까요."

이 이야기에서 보듯, 무슨 일을 하느냐보다는 어떻게 하느냐가 중요합니다. 심리학의 세계적 권위자 칙센트미하이 박사에 따르면 자신이 하는 일에 완전히 '몰입'하면 뒤이어 진정한 행복감이 찾아오고, '몰입'하다 보면 어느새 경쟁자를 포함한 주변 여건에 대해서는 까맣게 잊고 자신의 목표를 향해 집중하게 된다고 합니다. 즉, 외부의 인정이 아닌 자신의 만족감이 진정한 행복을 경험하게 해 주는 것이지요.

지금 하는 일이 정말 자신이 원하는 일인지 확신이 가지 않는다면, 최대한 몰입하려 노력해 보세요. 아무리 노력해도 몰입할 수 없고 재미를 느낄 수 없다면 그 일은 진정으로 자신이 원하는 일이 아닐 것입니다.

하지만 당신만 '몰입'해서는 곤란해요. 주위 사람도 얼마나 즐겁게 일하고 있는지 돌아보는 '관심'도 필요하답니다.

34

당신의 마음이나 전략이 아무리 훌륭하더라도, 혼자 게임을 한다면 항상 팀에게 지게 될 것입니다.

- **리드 호프먼**(링크드인 창업자이자 회장) -

비즈니스 업계에는 '물 위를 걷는 자'라는 말이 있습니다. 흔히 각 회사에서 성장 잠재력이 가장 큰 사람을 일컬을 때 쓰는 말 가운데 하나입니다. 이 말은 원래 성경에 나오는 말입니다. 예수는 물 위를 걸어가는 걸 보여 줌으로써 제자들에게 자신이 하나님의 아들이라는 것을 증명합니다. 이처럼 '물 위를 걷는 자'는 물 위를 걷는 것과 같이 특별한 재능을 가진 사람을 가리킵니다. 이들은 다양한 영역에서 뛰어난 재능을 발휘하며, 어디에서든 없어서는 안 되는 인재로 환영받습니다.

그런데 이들에게는 한 가지 문제점이 있습니다. 물 밑에 자신을 떠받치는 많은 디딤돌이 있다는 사실을 때때로 잊는다는 것이죠. 디딤돌의 존재를 잊거나 가볍게 생각하는 순간 디딤돌은 하나씩 사라지고, 그는 결국 더는 물 위를 걸을 수 없게 됩니다.

이 세상의 그 어떤 사람도 혼자서 성공을 이루지는 못한다는 것을 잊지 마세요. 당신이 경영자라면 아랫사람의 마음을 헤아리며 늘 처음의 마음을 잃지 않도록 노력해야 할 것입니다.

영화의 주인공이 빛나기 위해서는 조연과 엑스트라의 도움이 필수입니다.

35

성공은 재능, 열의, 사고방식, 이 세 가지의 곱하기이다.

- **이나모리 가즈오**(교세라 창업자) -

이나모리 가즈오 회장은 1959년 27세의 나이에 직원 28명과 함께 벤처기업 교세라를 창업했습니다. 그는 이 회사를 전 세계에 자회사 220여 개, 직원 6만여 명, 매출액 5조 엔의 세계적 기업으로 키워냈습니다.

그런데 재미있는 것은 이나모리 회장이 '성공'이라는 계산식에서 각 요소에 매기는 배점입니다. 그는 재능에 0~30점, 열의에 0~70점, 그리고 사고방식에 -100점~100점까지 부여합니다. 이나모리 회장이 사고방식을 얼마나 중시하는지 알 수 있는 대목입니다. 사고방식, 즉 태도가 잘못되어 있으면 아무리 큰 성과를 내도 성공한 것이 아니라는 것이죠.

경영학 이론에 따른 것이 아닌, 타인을 귀하게 여기고 모든 사람이 행복하기를 바라는 마음에서 나온 경영방침. 이것이 이공계 출신으로 경영학을 배운 적 없는 그가, 자본도 기술도 없던 지방의 영세기업을 세계 최고의 기술력을 갖춘 기업으로 만들 수 있었던 이유일 것입니다.

당신 자신에게 점수를 매겨보세요. 점수가 낮다고 좌절할 필요는 없겠죠? 사고방식만 바꾼다면 당장 성공과 가까워질 수 있습니다.

36

만약 이 작전이 성공한다면 그것은 당신의 공로입니다. 그러나 작전이 실패한다면 그 책임은 나에게 있습니다.

- **에이브러햄 링컨**(미국 16대 대통령) -

어떤 일이 성공하기 위해서는 각 개인의 능력보다 구성원들의 인화가 훨씬 중요합니다. 즉, 구성원들의 인화를 이끌어 낼 수 있는 리더가 일의 성패를 좌우한다고 해도 틀린 말이 아닙니다.

간혹 실패에 대해 '전략의 실패'나 '구성원들의 노력과 능력의 부족', '불리한 외부환경' 때문이라고 핑계 대는 리더들을 볼 수 있습니다. 그러나 정말 그럴까요? 수많은 전쟁에서 열세를 딛고 승리하는 싸움에는 두 가지의 공통점이 있습니다. 구성원 모두가 하나의 목표 아래 일치단결했다는 점, 그리고 그곳에서 그들을 조직의 목표에 몰입하게 만든 리더가 있었다는 점입니다.

능력과 일의 추진력이 좋다면 뛰어난 실행자는 될 수 있겠지만 그것만으로 뛰어난 리더라고 볼 수는 없습니다. 리더는 구성원들의 행동에 대해 책임지는 사람이기 때문입니다. 남북전쟁에서 링컨이 승리할 수 있었던 요인은? 링컨의 리더십에 감동해서 승리의 의지를 불태웠던 수많은 장군과 병사들이 있었기 때문이었다는 것을 잊어서는 안 될 것입니다.

선수로서의 능력과 감독으로서의 능력은 별개의 것이지요.

37

펩시의 직원이기보다는 자신이 아내이고, 엄마이며, 아빠이고, 남편임을 먼저 깨달아라.

- **인드라 누이**(펩시코 전 CEO) -

인도 출신의 인드라 누이는 유색 인종에 여성이라는 불리함을 극복하고 펩시의 CEO가 되어, 지난 100여 년간 코카콜라에 밀리던 펩시를 업계 1위로 만든 주역으로 인정받고 있습니다. 인드라 누이는 사람들에게 힘을 주는 것이 리더의 역할이라고 생각하는 감성지능형 리더로 불립니다. 지금은 펩시의 기업문화가 된 '일과 가정의 조화'도 그녀가 만들어낸 가치관입니다.

인드라 누이는 자신을 소개할 때도 펩시의 CEO가 아닌 프리타와 타라의 엄마라고 소개하곤 합니다. 그러자 어느 순간부터 직원들이 스스로를 단순한 펩시의 직원이 아닌 아내이고 남편이며 부모라는 단순한 사실을 깨닫기 시작하더니, 일을 하거나 삶을 살아가는 데 있어서 전보다 더 즐거워하게 되었고 결국 더 큰 능력을 발휘하게 되었다고 합니다.

가족이 즐거움과 동기유발의 원천이라는 사실을 부인할 사람은 없겠죠. 사회적 성공을 위해 가족을 소홀히 할 수밖에 없다는 인식, 이제는 바꿀 때입니다.

'가화만사성', 직장인이라면 누구나 공감하는 말입니다.

38

화장품만으로 세계에서 가장 큰 회사는 아니더라도 세계에서 가장 사랑받는 기업이 되겠습니다.

- **서경배**(아모레퍼시픽 CEO) -

아모레퍼시픽은 헤라, 마몽드, 이니스프리, 아이오페, 설화수 등 수많은 브랜드를 히트시키며 현재 국내 화장품 업계의 1위를 달리고 있는 기업입니다. 하지만 1990년대에는 해외 유명 브랜드들의 국내 진입과 증권, 건설, 의류 등으로의 사업 다각화 과정으로 인한 자금난 등이 겹치며 매우 어려웠던 때가 있었습니다.

이때 34세의 나이에 취임한 서경배 사장은 '초심으로 돌아가 가장 잘할 수 있는 화장품 사업에 전념하자'라고 결심했다고 합니다. 그 결과 아모레퍼시픽은 프랑스, 미국, 일본, 중국을 비롯한 전 세계에 진출했고 무차입 경영에 회사의 규모도 4배나 성장하는 등 초우량기업이 되었습니다.

외형상, 재무제표상 규모가 커진다고 해서 그 기업이 우량하거나 성장하고 있는 것은 아닙니다. 자기 분야에서 최고가 되겠다는 신념이 있다면 외형의 확장에 눈 돌릴 여유가 없겠죠. 자기 분야에서 최고가 된다는 것은 계량화된 숫자가 아니라 직원과 소비자들이 느끼는 가치로 입증될 것입니다.

아모레퍼시픽의 2025 비전은 '뉴 뷰티'라고 합니다. 코로나19로 닥친 어려움과 부침을 딛고 더 크게 도약하자는 의미겠죠. 우리 기업의 승승장구를 빕니다.

39

오늘 해고당하고 내일 다시 취임하는 자세로 혁신에 임했다.

- **안드리아 정**(에이본 전 CEO) -

120년이 넘는 역사를 자랑하는 세계적인 화장품 회사인 에이본(AVON)은 한때 주가가 50%까지 폭락해 기업의 존폐까지 거론될 정도로 위기를 겪었습니다. 무리한 규모 확장과 인터넷 시장을 무시하고 오프라인 방문판매만 고집하다가 경쟁에서 밀렸기 때문이죠. 이런 상황에서 신임 CEO로 영입된 안드리아 정은 여러 가지 혁신을 시도했습니다.

하지만 처음에는 별 효과를 발휘하지 못했습니다. 이때 그녀는 자신이 미처 몰랐던 부분을 깨닫고, 자신의 전략을 즉각 무효로 돌리는 솔직하고 신속한 대처로 위기를 극복할 수 있었다고 합니다. 그녀의 성공적인 혁신 덕분에 '구식' 이미지였던 에이본 제품들은 젊은 층까지 고객층을 확대할 수 있었고 연 매출 12조 원이 넘는 기업으로 성장하게 되었습니다.

누구나 실수를 할 수 있습니다. 그 실수를 솔직하게 인정하고 신속하게 대응 방법을 찾아내면 실패로 연결되지 않을 수 있지만, 그렇지 않다면 실패로 연결될 것입니다.

리더로서 자신의 과오를 인정할 수 있다는 것 자체가 대단합니다.

40

우리는 게임의 룰을 따랐기 때문이 아니라 게임의 룰을 새로 만들었기 때문에 여기까지 왔습니다.

- **크리스 알브레히트**(HBO 전 CEO) -

소프라노스, 섹스 앤드 더 시티, 밴드 오브 브라더스, 로마, 스파르타쿠스, 트루 블러드 등의 드라마 시리즈로 유명한 미국의 영화 전문 케이블 TV인 HBO는 이전에 볼 수 없었던 방식과 높은 수위의 프로그램 제작으로 유명합니다.

HBO의 명성을 만든 것으로 평가받고 있는 사람은 전 CEO인 크리스 알브레히트입니다. 비록 사생활에서 문제를 노출하며 불명예 퇴진하기는 했지만, 그는 업무적 능력을 인정받아 이후에도 여러 회사에서 스카우트 요청을 받았습니다. 그는 항상 '우리'를 내세우며 자신의 역할은 함께 일하는 사람들을 돕는 것이라는 철학으로도 유명합니다. 그가 말하는 '우리'를 통해서 좋은 결과들이 만들어질 수 있었던 것입니다.

어떤 분야를 개척하기가 혼자는 어려워도 '함께'는 크게 어렵지 않습니다. 동료와 함께 개척하는 쾌감을 느껴보세요.

의기투합만 하면 1+1=2가 아닌 것, 다 아시지요?

41

직원이 실수를 저질렀을 때 심하게 비판하는 것은 직원의 자발성을 죽이는 행위이다.

- **윌리엄 맥나이트**(3M 전 CEO) -

미국의 대표적인 혁신기업으로 평가받고 있는 3M에는 '15% 룰'이라는 독특한 제도가 있습니다. 연구원들이 업무시간의 15%는 반드시 일상적인 업무에서 벗어나 자기가 하고 싶은 연구나 엉뚱한 상상력을 발휘하는 시간으로 사용하도록 한 제도입니다. 물론 그 연구나 상상이 실패하더라도 아무런 책임을 묻지 않습니다. 잘한 경우에 보상은 당연한 것이고요.

이러한 기업문화는 20세에 경리보조로 입사해 22년 뒤 CEO가 되어 샐러리맨의 전설로 불리는 윌리엄 맥나이트의 경영철학에서 시작되었습니다. 이 기업문화 덕에 포스트잇, 수세미, 랩, 스카치테이프 등 6만여 종이 넘는 제품들이 탄생할 수 있었고, 평범한 중견기업이 글로벌 기업으로 성장할 수 있었죠.

창의적인 아이디어는 자유로운 분위기에서 나올 수 있습니다. 기업이 성장하려면 자발적인 사람이 반드시 필요합니다. 열심히 일하는 것보다 자발적으로 일하는 것이 더 중요한 이유입니다.

구글은 3M의 '15% 룰'을 벤치마킹해 '20% 타임제'를 실시하고 있지요. 창의적 경쟁력을 개발하기 위한 고민이 필요한 시대입니다.

42

직원이 회사의 자산이라고요? 아닙니다. 직원이 바로 회사 그 자체입니다.

- **칼스턴 비야그**(그런포스 전 CEO) -

영국의 버킹엄궁, 베이징올림픽 주경기장, 러시아 볼쇼이극장, 서울의 63빌딩, 청계천과 서울시청의 분수, 2006년 독일 월드컵 주경기장 등등의 공통점은 무엇일까요? 바로 덴마크의 세계적인 펌프 제조기업인 그런포스의 제품을 사용했다는 점입니다.

그런포스는 창업 이후 63년 연속 매출액이 성장한 전설적인 기업입니다. 1990년대 후반부터 건설된 전 세계의 30층 이상 빌딩의 90%가 그런포스의 펌프를 사용하고 있다고 하니 대단하다는 말로는 부족할 정도입니다. 그런포스를 이끌고 있는 칼스턴 비야그는 이런 전설적인 성과가 가능했던 비결로 동기부여가 되어 있고 일을 즐기는 직원들의 힘을 꼽습니다. 그래서 그는 직원의 재교육에 투자하고 상호 간의 이해 수준을 높이기 위해 항상 소통에 힘쓰며 공통의 가치관을 정립하는 데 심혈을 기울인다고 합니다. 그러면 성공과 성장은 저절로 얻어진다는 것이지요.

조직을 움직이는 것은 사실 리더가 아니라 구성원들입니다. 구성원들의 맹활약을 위해 서포터의 역할을 하는 것이 리더인 것입니다.

경기는 결국 선수가 하지요. 단장이나 감독이 직접 하지는 않잖아요?

43

자신보다 우수한 사람을 어떻게 다루는지 아는 사람, 여기 누워 있다.

- **앤드류 카네기**(미국의 철강왕) - <묘비명>

남극의 황제펭귄은 대표적인 사회적 동물입니다. 이들은 항상 무리 지어 다니고 이웃에 대단히 관심이 많습니다. 무리 지어 서로의 체온에 의지해야만 극한의 추위를 견디고 살아남을 수 있기 때문이죠. 이들은 서로 번갈아 가며 가장자리로 나가 안에 있는 펭귄들이 따뜻하게 잘 수 있도록 하는 등 상호협력하며 상생을 실천하고 있습니다. 이것이 바로 팀워크입니다.

대적할 수 있는 상대가 아닌 자연이라는 거대한 적을 상대로도 상호 협력함으로써 꿋꿋이 생존하고 있는 황제펭귄을 보며 팀워크의 힘을 새삼 실감할 수 있습니다.

남에게 도움을 주는 것도 중요하지만, 협력에 있어서는 다른 사람의 도움을 받는 것도 커다란 지혜입니다. 사소한 이기심이나 감정 때문에 대의를 잊고 서로 반목해서는 조직 전체의 안전이 위험에 빠지게 될 것입니다.

카네기의 묘비명은 우리에게 진정한 인재는 현명하게 남을 돕고 또 남에게서 도움을 받을 줄 아는 사람이라는 깨달음을 줍니다.

앞으로는 이기적인 사람을 보면 '펭귄보다 못한 사람'이라고 해야겠군요.

44

다양성은 창의성을 향한 강력한 힘이다.

- **마이클 아이즈너**(월트디즈니 전 CEO) -

비슷한 생각을 가진 사람끼리 모여 토론하다 보면 한쪽 극단으로 치닫게 되는 경우가 많습니다. 이런 경우 이견이나 건설적 비판 같은 조절 기능이 없어서 결국 모순된 논리를 대다수가 진리라고 착각하게 됩니다. 이처럼 응집력이 높은 소규모 의사결정 집단에서 대안의 분석 및 이의 제기를 억제하고 합의를 쉽게 이루려고 하는 현상을 '집단사고'라고 말합니다. 집단사고에 빠진 조직에서는 치열한 논쟁이 없으므로 논리의 검증이 불가능합니다. 따라서 평소에는 대단히 평화롭고 효율적으로 보이지만 결국 언젠가는 심각한 오류에 빠져들어 어처구니없는 판단을 하게 되죠.

기업에서도 소비자, 관리직원, 생산직원, 경영진 등의 다양한 입장이 반영된 의견들이 많아야 하듯이 다양한 생각을 가진 다양한 부류의 사람들이 모여 활발한 토론과 논쟁을 벌여야 건강한 조직이 될 수 있습니다.

여기서 인식해야 할 것은 이 논쟁이 승패를 가리기 위한 것이 아니라 상호보완의 기능을 한다는 사실입니다. 이성을 잃은 판단으로 공멸의 길을 걸어서는 안 될 것입니다.

끼리끼리 모여 있다면 머리를 맞대 봤자 라는 얘기죠.

45

아무리 힘겨운 시련이 닥쳐도 미래는 과거 못지않게, 혹은 과거보다 훨씬 더 성공적일 수 있다.

- **하워드 슐츠**(스타벅스 CEO) -

시가총액 25조 원의 세계 최대 커피회사 스타벅스에 위기가 닥친 적이 있습니다. 고객이 창립 이래 최저치로 떨어진 것입니다. 매장 수 늘리기에만 급급했던 스타벅스에 경보가 울린 것이었죠.

결국 스타벅스를 정상에 올려놓았던 일등 공신 하워드 슐츠는 2008년, 8년 만에 다시 스타벅스의 CEO로 돌아옵니다. 하워드 슐츠는 커피 맛과 서비스에 대한 '바리스타 재교육'에서부터 개혁을 시작했습니다. 600만 달러 하루 매출을 포기하고 경영진과 이사회, 주주들의 반대를 무릅쓰고 하루 동안 미국 내 전 매장의 문을 닫으면서까지 진행한 직원 대상 교육은 스타벅스 개혁의 상징으로 꼽힙니다. 그 결과 2010년 스타벅스는 11조 원이라는 사상 최대의 매출을 기록하며 제2의 전성기를 맞을 수 있었습니다.

시련을 극복하고 과거보다 더 큰 성공을 이끌어 낸 하워드 슐츠의 혁신으로부터, 고객을 가치의 중심에 두는 기업만이 고객의 마음속에 오래도록 남을 수 있다는 것을 깨닫게 됩니다.

하워드 슐츠는 커피 맛에 반해 스타벅스에 입사했다는군요. 최고의 경영자가 되기 위해서는 기본적으로 그 일을 좋아해야 하는 걸까요?

46

겸손한 자신감을 가지세요. 당신 능력을 믿되, 그 능력은 절대 배움을 멈추지 않는다는 인식으로 단련되어야 합니다.

- **앨런 조지 래플리**(P&G 전 CEO) -

2000년, 미국의 대표적인 비누 세제 회사인 P&G는 15년 동안 단 1개의 히트상품밖에 내놓지 못하는 등 실적 악화로 주가가 하루에 20%나 폭락하며 심각한 위기에 직면해 있었습니다. 더욱 심각한 것은 회사 전체를 휩쓴 패배주의였습니다.

이때 신임 CEO로 취임한 앨런 조지 래플리는 직원들에게 자신 또는 조직이 가장 잘할 수 있는 일을 생각해 내어 자신 있게 그 일에 몰두하라고 주문했습니다. 의무적인 신제품 개발이나 실적을 강요하지 않았죠. 직원들은 P&G와 자신들의 정체성에 대해 고민하기 시작했고 회사와 자신들이 가장 자신 있는 분야를 찾아냈습니다. 이후 P&G는 수십 개의 히트상품을 출시하게 되었고 매출과 주가는 2배 이상, 수익은 4배 이상 오르게 되었습니다.

자신이 잘 아는 분야에서는 누구나 최고가 될 수 있습니다. 당연히 업데이트는 필요하겠지만요. 누구에게나 각자의 갈 길이 있습니다. 타인의 의견에 좌우되지 말고, 자신의 정체성을 찾아내어 자신의 길에서 최고가 될 때까지 스스로를 만들어 나가야 합니다.

언젠가 사회적 물의를 일으킨 한국의 한 세제회사가 떠올라 씁쓸해지네요.

47

돈이 없는 게 문제가 아니다. 비전이 없는 게 문제다.

- **샘 월튼**(월마트 창업자) -

"보스는 고객뿐이다. 고객이 다른 곳에 돈을 쓰면 결국 우리 모두는 일자리를 잃을 수밖에 없다."

월마트 창업자인 샘 월튼의 경영철학입니다.

어찌 보면 위의 말은 많은 경영자가 흔히 하는 말일 수도 있습니다. 하지만 이 말이 진심에서 나오는 말이냐 아니냐와 더불어 이런 경영자의 철학을 구성원들이 함께 공유하고 있느냐의 여부에 따라 결과는 많은 차이가 날 것입니다.

경영자가 아무리 좋은 철학을 가지고 있어도 구성원들에게 신뢰를 바탕으로 이를 전하지 못하면 아무 소용이 없겠죠.

경영철학은 훈계나 강제규정 등으로 구성원들에게 전할 수 있는 것이 아닙니다. 허심탄회한 수평적 대화와 리더의 솔선수범을 통해 신뢰를 쌓아야 조직 전체에 경영자의 비전과 철학이 퍼져나가죠.

그리고 이것이 조직의 문화로 자리 잡아 나가면서 구성원 전체가 경영자의 철학에 공감하고 함께 움직인다면, 그 조직의 성공은 기정사실일 것입니다.

교장 선생님의 지루한 훈시가 기억나는 사람, 손 들어보세요!

48

승승장구하느냐, 실패하느냐, 오래 지속되느냐, 몰락하느냐? 이 모든 것이 주변 환경보다는 스스로 어떻게 하느냐에 달려 있다.

- **짐 콜린스**(미국 경제학자, 작가) -

1단계, 성공으로 인한 자만심이 생겨나는 단계

2단계, 원칙 없이 외형을 확장하는 단계

3단계, 위험과 위기 가능성을 부정하는 단계

4단계, 무분별한 회생방안이나 특효약을 찾는 단계

5단계, 존재가치 소멸 단계

『좋은 기업을 넘어 위대한 기업으로』의 저자 짐 콜린스가 『위대한 기업은 다 어디로 갔을까』라는 책에서 주장한 '기업이 몰락하는 5단계'입니다. 소위 잘나가던 기업들이 어느 시점까지는 비슷한 성장곡선을 그리다가 P&G, 3M, 존슨&존슨처럼 위대한 기업의 반열에 오르는 기업과 뱅크 오브 아메리카, HP, 소니처럼 내리막을 걷는 기업으로 갈라진다고 합니다.

지금 성공하고 잘나가고 기업의 규모가 나날이 커지고 있다고요? 벌써 몰락의 2단계일 수 있습니다. 몰락의 5단계, 어떤 기업도 예외는 없습니다. 겸손함과 냉철함이 예외를 만들 수 있는 것입니다.

소니처럼 위대해 보이던 기업도 쇠퇴하는데 다른 기업들은 말할 것도 없겠죠.

49

회사와 나의 5년 뒤 모습은 오늘 내가 만나는 사람과 책에 달려 있다.

- **황을문**(서린바이오사이언스 회장) -

언제부터인가 독서경영이 기업의 경쟁력을 올리는 데 아주 중요한 전략으로 자리 잡아 가고 있습니다. 독서경영이란 직원들이 독서로 끊임없이 정보와 지식을 업데이트하며 개인의 경쟁력을 올리고, 나아가 활발한 토론으로 조직구성원 대부분이 그 정보와 지식을 공유함으로써 결국 회사의 경쟁력이 올라가는 시스템을 말합니다.

생명공학 관련 실험과 연구 장비를 개발하는 업체인 서린바이오사이언스의 황을문 회장도 독서경영을 도입한 이후, 2000년 79억 원이던 매출액이 2022년에는 980억 원에 육박하는 수준까지 오를 수 있었다며 독서는 선택이 아니라 생존을 위한 의무라고 합니다.

요즘같이 환경이 급변하는 시대에는 예전에 축적한 지식으로는 미래를 보장받을 수 없습니다. 급변하는 시대에 적응하는 능력과 새로운 미래를 선도할 창의력도 모두 독서에서 얻을 수 있습니다. 당신의 진정한 경쟁력은 과거의 스펙이 아닌 현재의 독서량에서 나올 것입니다.

최근에 읽은 5권의 책을 떠올려 보세요. 어쩌면 5년 뒤 당신의 모습을 말해주고 있을지도 모릅니다.

50

당신의 지위가 아니라 누구인지를 기억하라.

- **브래드 앤더슨**(베스트바이 전 CEO) -

어떤 회사나 조직이든 시작할 때는 목표를 공유하고 그 목표를 달성하기 위해 한마음 한뜻으로 열정을 다합니다. 그러다가 목표를 달성하여 성공이라는 결과를 얻게 되면 각자 사심이 생기기 시작하면서 조직에 균열이 생기기 시작합니다. 최악의 경우, 공멸하는 경우도 생깁니다.

미국 최대의 전자제품 전문 유통업체인 베스트바이의 전 CEO 브래드 앤더슨은 성공으로 얻은 위치에 현혹되지 말고, 자신이 어떤 사람이었고 무슨 일을 해야 하는지를 항상 기억해야만 개인이든 기업이든 살아남을 수 있다고 강조합니다. 그는 직원들과 목표를 공유하고 마음을 나누기 위해 회사에 탁월하게 기여한 직원들에게 750만 달러 상당의 스톡옵션을 나눠 주기도 했고, 직원을 단순히 피고용인이 아닌 목표를 공유하는 동지로 여긴다고 합니다.

아무리 뛰어난 천재라도 혼자 힘만으로 조직을 성공시킬 수는 없습니다. 지금 자신이 성공으로 일군 지위에 있더라도 자신이 해야 할 일은 크게 변하지 않았음을 명심해야 동료들과의 지속적인 신뢰를 유지할 수 있고, 또 다른 성공도 이룰 수 있습니다.

권불십년(權不十年), 화무십일홍(花無十日紅), 결국 남는 건 자신을 포함한 사람밖에 없습니다.

51

직원에게 기회를 주고 동기부여를 하면 늦든 빠르든 재능을 발휘하게 된다.

- **마츠우라 모토오**(주켄공업 창업자) -

지난 45년간 무조건 선착순으로 직원을 채용해 온 기업이 있습니다. 국적이나 학력도 상관없고 폭주족 경력도 상관없습니다. 그런데도 이 기업은 관련 분야에서 세계 최고가 되었습니다. 바로 지난 44년간 흑자를 기록하고 있는 일본의 주켄공업입니다.

이 회사는 가장 작은 100만분의 1g짜리 플라스틱 기어 휠을 만드는 기술을 바탕으로, 초소형 플라스틱 부품 분야에서 세계시장의 70%를 장악하고 있습니다. 이 회사의 마츠우라 모토오 사장은 사람은 어디에 어떤 재능을 감추고 있는지 모른다며 이렇게 채용된 이들에게 지속적으로 기회를 주고 동기부여를 했더니 스스로 일하게 되고, 3~5년이 지나니 능력을 발휘하기 시작했다고 합니다. 이 회사가 자랑하는 최첨단 기술들도 모두 이들이 만들어 낸 작품이라고 합니다.

인간의 잠재력은 무한합니다. 사람을 평가할 때는 학벌 등 과거 행실의 결과물이 아닌 미래의 가능성에 중점을 두어야 합니다. 비단 주켄공업의 사례가 아니어도 이와 같은 일이 세상에는 비일비재하니까요.

직원의 무능은 리더의 무능 때문일 수 있습니다.

52

작고 알차고 강한 회사가 되자.

- **김택진**(엔씨소프트 창업자이자 CEO) -

리니지, 길드워, 블레이드앤소울 등의 게임을 출시하며 2023년 초 시가총액이 8조 원이 넘는 세계적인 게임 기업으로 성장한 엔씨소프트의 창업자이자 CEO인 김택진 대표가 좋은 회사가 되기 위한 조건으로 제시한 말입니다.

커뮤니케이션을 잘할 수 있는 작은 회사, 끊임없는 변화로 창조를 일궈내는 알찬 회사를 지향하며 잘할 수 있는 일에 몰두하면 결국 강한 회사가 된다고 합니다.

개인이든 기업이든 성공만큼 중요한 것이 생명력입니다. 일시적 성공은 허망할 뿐입니다.

외부로 드러나는 규모보다는 내실을 다지고, 과거의 답습이 아닌 끊임없는 변화를 시도하며, 돈 되는 분야가 아닌 가장 잘할 수 있는 분야에 몰두하는 것은 비단 기업의 경영에서만 필요한 것은 아닐 것입니다.

능력에 걸맞지 않게 겉으로만 좋아 보이도록 큰 집, 큰 차만 고집하면 삶이 고달파집니다.

53

착한 기업이 성공한다.

- **필립 코틀러**(미국 경영학자) -

과거엔 이윤을 내기 위해서라면 법과 제도도 무시할 수 있다는 의식이 있었지만, 최근엔 적법성 여부뿐만 아니라 사회통념까지도 감안하여 사회공헌과 환경·윤리경영이 강조되고 있습니다.

직장 내 직원 만족도를 조사하는 전문기관인 워커 인포메이션에 따르면 자기가 다니는 회사가 윤리경영을 한다고 믿는 경우, 회사를 떠나지 않을 확률이 그렇지 않은 경우보다 6배나 높다고 합니다. 반면에 상사의 윤리적 판단을 불신하고 회사의 활동에 수치심을 느끼는 경우, 직원의 약 80%가 기만당하고 있다고 생각하며 조만간 회사를 떠날 가능성이 높다고 합니다.

결국 윤리경영 실천기업과 사회공헌기업은 인재로 넘쳐나게 되고 비윤리적인 기업은 인재가 사라지고 말 테니 그 결과는 쉽게 예상될 것입니다.

비윤리적인 활동을 통한 일시적인 이윤 창출로는 개인이나 기업의 미래를 보장받을 수 없습니다. 반드시 윤리적으로 떳떳한 활동을 통해 지속 가능한 이윤을 창출하도록 해야 합니다.

국내 대기업 중 이직률이 가장 높은 기업이 어딘지 갑자기 궁금해지는군요.

54

효과적인 사업 비전은 가치창조로 시작해서 가치창조로 끝난다.

- **찰스 G. 코크**(코크 인더스트리즈 회장) -

매출액 98조 원이 넘는 세계 최고의 비상장기업인 코크 인더스트리즈의 찰스 G. 코크 회장은, 같은 자원이 다른 곳에 쓰일 때보다 더 큰 가치를 창출해 낼 때 진정한 의미의 가치창조가 되었다고 말합니다. 만일 이에 실패하면 기업은 사회적으로 인간의 삶을 윤택하게 하기는커녕 오히려 큰 피해를 준다는 것이죠. 심지어는 자신의 비즈니스이지만 남이 더 잘할 수 있다고 판단될 경우엔 매각하는 데 주저하지 말아야 한다고 합니다.

이런 신념을 바탕으로 코크 인더스트리즈는 수많은 M&A를 통해 성장해 왔습니다. 그리고 그 M&A에서 잘하던 사업 부문을 포기한 경우도 51개나 됩니다. 코크사가 실패해서 매각한 것이 아니라 더 잘할 수 있는 다른 기업에 넘기고 자신들은 더 잘할 수 있는 또 다른 분야에 진출한 것이죠.

모든 것을 혼자 하려 하지 말고, 다른 분야 전문가와 협업하여 새로운 가치를 창조해 나간다는 자세를 갖춰야 할 것입니다.

자신에게 맞지 않는 옷을 입고 다니면 우스꽝스럽기만 합니다. 당장 그 옷이 맞는 사람에게 주는 것이 더 현명합니다.

55

제조에 있어서도 이노베이션이 필요합니다.

- **이효율**(풀무원 CEO) -

“1980년대의 식품산업은 배고픔을 면하기 위한 사회적 요구 속에서 이루어졌으나 지금은 위생, 맛, 편리성, 건강 등 점점 다양해지는 소비자의 요구에 맞춰야 한다.”

매출 1조 원을 달성한 국내의 대표적인 식품제조 회사인 풀무원의 이효율 CEO가 말한 경영전략입니다. 결국 소비자의 욕구를 다른 사람보다 더 먼저 파악해 기존 제품을 혁신하고 신제품을 개발해 내는 것이 경쟁력을 높이는 방법이라는 것이죠.

풀무원은 각 식품이 어떻게 요리되고 사용되는지까지 파악해야 경쟁력을 갖출 수 있다고 판단하여 특급호텔 셰프 출신 요리사들을 고용해 제품개발에 참여시킨다고 합니다. 즉, 소비자의 감성적인 부분과 취향까지 반영해야만 선택을 받을 수 있다는 것입니다.

소비자의 감성은 끊임없이 변합니다. 그에 맞춰 기업과 그 구성원들의 끊임없는 혁신이 있어야만 치열한 경쟁에서 생존할 수 있습니다. 업데이트, 단 한 순간도 잊어서는 안 될 것입니다.

지금은 없어서는 안 될 것으로 인식되는 식품이 5년 후에는 어떤 평가를 받게 될지 알 수 없습니다.

56

부정적 기업문화를 긍정적으로 바꾸려면 2~6년이라는 시간이 걸리지만, 직원들의 사기를 떨어뜨리는 데는 5분도 채 걸리지 않는다.

- **찰스 B. 다이저트**(미국 경영학자) -

리더는 자기가 한 일로 평가받으려 해서는 안 됩니다.

리더는 구성원들이 한 일로 평가받는 자리입니다.

성공한 리더가 되고 싶으면 조직구성원들이 최고의 역량을 발휘할 수 있는 자율적인 경영환경, 기업문화, 정보공유, 권한위임, 교육, 신뢰구축 등 조직구성원이 자신의 일처럼 자발적으로 움직일수 있는 환경을 조성해야 합니다.

이를 통해 구성원들이 성장하고 이것이 업무성과로 이어질 때 리더가 제 몫을 한 것으로 평가받을 수 있을 것입니다.

리더는 앞에서 이끄는 사람이 아니라 뒤에서 방향을 제시하며 후원하는 환경을 조성하는 사람이라는 인식을 잊지 말아야겠습니다.

좋은 부모도 다를 바 없지요. 일일이 간섭하고 직접 해 주는 것보다, 방향을 제시하고 자녀가 스스로 할 수 있도록 돕는 것이 좋은 부모 아닐까요?

57

다른 사람의 아이디어를 칭찬하라.

- **마이클 아이즈너**(월트디즈니 전 CEO) -

할리우드의 대표주자이던 월트디즈니는 1980년까지도 1928년 탄생한 미키마우스 인형과 영화에서 벗어나지 못하고 있었습니다. 그러다 보니 자연히 사람들의 관심에서 멀어지게 되었고, 결국 3년 연속 수익률 하락과 엄청난 부채의 증가로 이류 회사로 전락하고 있었습니다. 이때 신임 CEO로 취임한 마이클 아이즈너는 회사의 변화를 이끌 창의력 향상에 주력했습니다. 이를 위해 그는 직원 누구나 아이디어를 제시할 수 있도록 개방적인 문화를 만들어 나갔죠. 아이디어 회의에서 안 좋은 의견이 나오면 비난 대신 종소리를 크게 울려 분위기를 바꾸는 '공쇼(Gong Show)'를 행했습니다.

이런 분위기는 조직의 팀워크를 높여주었고 곧 창의적인 아이디어들이 나오기 시작했습니다. 이런 문화 속에서 인어공주, 알라딘, 라이온킹 같은 새로운 형태의 영화들이 잇따라 나왔고 이들의 빅히트로 회사는 10년 만에 6배나 성장하게 되었습니다.

변화를 창조해 내지 않으면 그 어떤 기업도 살아남을 수 없습니다. 이를 위해서는 권위적이고 관료적인 조직문화는 벗어버리고, 개방적이고 창의적인 문화를 만드는 데 힘써야 합니다.

칭찬해 주는 사람에게 계속 의견을 말하고 싶어지는 것은 인지상정입니다. 결국 칭찬을 잘하는 사람은 엄청난 정보를 얻게 될 것입니다.

58

괴짜들에게 친절히 대하라. 그들이 당신의 보스가 될 가능성은 얼마든지 있다.

- **빌 게이츠**(마이크로소프트 창업자) -

세상의 변화를 이끌어온 사람들을 보면 정해진 코스대로 살아온 소위 모범생들보다는 '무모하다'거나 '미쳤다' 또는 '엉뚱하다'라는 소리를 듣던 괴짜들이 훨씬 더 많습니다.

하버드 법대를 1학년 때 중퇴하고 이름도 생소했던 컴퓨터 OS 개발에 몰두했던 빌 게이츠, 자동차 개발에 몰두했던 헨리 포드, 의대 교수 자리를 그만두고 컴퓨터 백신 프로그램 개발에 나선 안철수 교수, 그리고 애플의 신화를 창조한 스티브 잡스와 스티브 워즈니악, 영화제작자에서 와인제조자이며 호텔사업가로 변신한 프란시스코 코폴라 등 이루 헤아릴 수 없습니다.

이들이 타인으로부터 다소 엉뚱하고 괴짜라는 소리를 듣게 된 결정적인 이유는 세상 사람들이 만들어 놓은 룰이나 범주에서 벗어나 자신의 내면이 이끄는 대로 살았기 때문입니다 세상을 엉뚱한 괴짜들이 발전시킨 것이죠.

자기 내면의 열정이 이끄는 일에 몰두하는 길이 괴짜를 거쳐 선구자로 가는 지름길일 수 있습니다.

이단아라는 소리를 듣는 게 꼭 나쁜 것은 아니지만 그렇다고 무작정 현재 자신의 자리를 뛰쳐나가라는 말은 아닙니다!

59

일은 사원이 합니다. 경영자는 사원이 열심히 일하고 싶게 만들면 됩니다.

- **야마다 아키오**(미라이공업 창업자) -

"채찍은 필요 없어. 당근이면 돼."

일본의 대표적인 전기설비 제조업체인 미라이공업의 창업자인 야마다 아키오 사장이 말하는 직원을 대하는 태도입니다. 이 회사의 제도는 연 140일의 휴일, 육아휴직 3년, 전원 정규직, 70세 정년 등 놀라울 정도입니다. 그래서일까요? 18,000개의 상품 중 90%가 특허상품이며 일부 제품은 80%라는 경이적인 시장점유율을 기록하며 경상이익률이 15%에 육박하는 고수익을 내고 있습니다.

사원들이 회사를 소중히 여기며 열심히 일하는 회사와 마지못해 일하는 회사의 결과가 어떨지는 안 봐도 알 수 있지요. 실제 미라이 공업 직원들은 연간 9,000건의 아이디어를 자발적으로 제시할 정도로 의욕이 넘치며, 일을 안 해도 고용은 보장되는데 스스로 열심히 일한다고 하니, 미라이 공업의 성공은 당연한 결과입니다.

채찍을 통해 직원들의 일시적인 움직임은 이끌어 낼 수 있어도 회사를 소중히 여기는 마음까지 이끌어 낼 수는 없습니다. 최고의 리더는 구성원들이 리더와 한마음이 되도록 이끄는 사람일 것입니다.

경영자가 되려면 경영학과보다는 심리학과에 진학해야겠는데요.

60

당신 주위의 직원들과 고객들이 회사의 문제에 대해 말하는 것을 유심히 듣는 데 최우선 순위를 두십시오.

- **워런 버핏**(버크셔 해서웨이 CEO) -

7분기 연속 적자, 170억 달러의 부채, 시가총액 90% 손실(주가 63$→4$ 하락), 회계 부정으로 미국 증권거래위원회의 조사 등으로 역사의 뒤안길로 사라지던 제록스를 회생시키며 일약 세계 최고의 CEO로 평가받게 된 앤 멀케이가 워런 버핏에게 듣고 좌우명으로 삼고 있는 말입니다. 24세에 복사기 판매원으로 입사한 그녀는 MBA 학위는 없어도 열정과 정직함, 회사에 대한 애사심을 인정받아 마침내 CEO가 될 수 있었습니다.

그녀는 워런 버핏의 충고대로 직원과 고객의 의견을 듣기 위해 90일 동안 비행기를 타고 전 세계 지사를 돌기도 했고 처음 2년 동안은 주말에 단 한 번도 쉰 적이 없다고 합니다. 그러고는 이른바 3C(컬러복사기Color, 고객우선Customers, 비용절감Costs)를 통해 직원들에게 회사의 회생 방안과 비전에 대한 확신을 심어주었고, 직원들은 똘똘 뭉치게 되었습니다. 결국 제록스는 화려하게 재기했죠.

회사의 가장 중요한 사람은 정부나 주주, 경영진이 아닌 직원과 고객임을 단 한 순간도 망각해서는 안 됩니다.

당연하고 단순한 원리인데 깨닫지 못하는 경우가 많습니다.

61

세상은 변화를 싫어하지만, 그것이야말로 세상에 유일하게 진보를 가져왔다.

- **찰스 케터링**(미국 공학자) -

세계 최초로 휴대폰을 개발한 회사는 어디일까요? 한때 세계시장을 호령하던 모토로라입니다. 그러나 50%가 넘던 점유율은 3%대로 급락했고 50억 달러의 손실 등 연이은 적자로 휴대폰 사업 부문의 존폐까지 거론되다가 2012년 구글에 인수되었죠.

아날로그에서 디지털로 환경이 변화하던 시기에도 초소형 아날로그 휴대폰 개발 등 기존 제품의 업그레이드에만 매달려 시대의 변화를 외면한 이유가 가장 큽니다.

경영진의 잘못된 판단의 대가로 노키아, 삼성, HTC 등에 휴대폰 시장을 완전히 내주게 되었죠. 이후 경영진이 교체된 뒤 세계적으로 1억 대 이상 팔린 히트작 레이저 폰을 출시하며 위기를 벗어나는 듯했으나 또다시 레이저 폰의 굴레를 벗어나지 못하고 이류상품들만 출시하며 추락을 거듭했죠.

과거에 성공한 경험에만 매달리면 시대에 뒤처지는 것은 물론 오류에 빠질 수밖에 없습니다. 주변에서 근거 있는 비판을 할 때가 마지막 기회일 수 있습니다. 자신의 판단을 냉철히 분석해 보고 오판에서 벗어날 수 있어야 실패 확률을 줄일 수 있습니다.

한 번 고객이면 영원한 고객인 줄 알았나 봅니다.

62

다른 사람들의 리더가 되려고 한다면 먼저 자신의 주인이 되어야 한다.

- **필립 매신저**(영국 극작가) -

미국의 두 심리학자 조셉과 해리는 인간의 자아를 네 개의 창으로 나누어 설명할 수 있다고 합니다. 열린 창(나도 알고 상대방도 앎), 숨겨진 창(나는 알지만 상대방은 모름), 장님의 창(나는 모르는데 상대방은 앎), 미지의 창(나도 모르고 상대방도 모름)이 그것이죠.

이 이론은 두 학자의 이름을 합쳐 '조하리의 창(Johari's Window)'이라 불립니다.

문제는 자기가 자신의 모습을 모르고 있는 '장님의 창'과 '미지의 창'입니다. 자신의 행동이 타인에게 어떤 영향을 끼치는지, 타인이 자신을 어떻게 생각하고 있는지도 모르는 사람이 타인과 소통하기는 불가능합니다. 특히 한 조직의 리더가 이 두 개의 창을 꼭 닫고 있다면 본인뿐 아니라 조직과 타인의 삶에까지 부정적인 영향을 끼치게 될 것이기 때문에 더욱 심각한 문제입니다.

리더를 꿈꾼다면 가장 먼저 스스로에게 솔직해져야 하고, 주변 사람들에게 비친 자신의 모습을 가감 없이 파악하여 자신이 어떤 자아를 가지고 있는지 철저히 인식하고 있어야 합니다.

육체뿐만 아니라 심리적으로도 시각장애인이 될 수 있군요.

63

유능한 CEO가 되살릴 수 없을 만큼 엉망인 기업도 없고, 무능한 CEO가 파괴할 수 없을 만큼 우량한 기업도 없다.

- **마르쿠스 발렌베리**(인베스터 회장) -

스웨덴에는 대표 은행인 SEB, 유럽을 대표하는 가전업체인 일렉트로룩스, 세계 최대의 통신장비 업체인 에릭슨 등으로 유명한 발렌베리 가문이 있습니다. 이 가문은 19개의 계열사와 40만 명의 직원을 두고 스웨덴 GDP의 30%에 해당하는 매출을 기록하고 있는 대재벌이면서도 스웨덴 국민의 존경과 사랑을 받고 있습니다.

발렌베리 가문의 마르쿠스 발렌베리 회장은 기업의 흥망을 결정짓는 가장 중요한 요인을 "선장이 우선, 그다음이 배"라는 말로 단언합니다. 배가 아무리 훌륭해도 선장이 어디로 어떻게 항해하느냐에 따라서 배의 종착지와 수명이 바뀌듯이 기업도 마찬가지라는 것입니다. 그가 말하는 리더의 능력에는 소통과 윤리의식, 장기적 안목 등이 모두 포함되어 있어서 만일 리더가 독단적이거나 비윤리적이라면 기업의 수명은 단명할 수밖에 없다는 인식이 깔려 있습니다.

리더의 능력은 실무능력이나 위엄에서 나오는 것이 아니라 존경받을 만큼 우월한 마인드에서 나온다는 것을 명심해야 합니다.

보스는 인화력을 갖춰야 함은 물론 비전 제시가 가능해야 합니다.

64

긍정이 걸작을 만든다.

- **윤석금**(웅진그룹 회장) -

웅진그룹의 윤석금 회장은 7명의 직원과 자본금 7,000만 원으로 시작한 출판사 웅진씽크빅을 47,000명의 직원과 15개의 계열사에 약 5조 원의 매출을 기록하는 그룹으로 키워내며 살아 있는 전설로 평가받고 있습니다.

'긍정, 감사, 사랑'은 웅진그룹의 윤석금 회장이 입버릇처럼 강조하는 말들입니다. 1990년대 초 웅진식품이 엄청난 적자를 기록하며 모기업인 웅진씽크빅까지 위기에 빠진 적이 있습니다.

"구조조정으로 많은 기업이 어려움에 빠진 상황에서 웅진이 모범적인 기업회생 사례가 되도록 최선을 다하겠습니다." (2016/06/01, 웅진그룹이 기업회생절차(법정관리) 신청 후 남아 있던 빚 1조 4천여억 원을 사실상 모두 갚으면서)

세상의 성공한 어떤 기업이나 사람도 위기 없이 성장한 경우는 결코 없습니다. 그 위기에 어떤 마음으로 대처했느냐에 따라 결과가 달라진 것일 뿐입니다. 세상은 마음먹기에 달려 있습니다.

"아무것도 하지 않으면 100% 실패하는 것이다." (평소 강조하는 말)

지금이라도 마음에 쓰고 있는 색안경을 벗어 던져야 합니다.

마음엔 항상 밝은 빛이 필요하니 색안경이 필요 없습니다.

65

누구나 잔소리를 들으며 일하는 것보다 칭찬을 들으며 일하기를 좋아한다.

- **찰스 슈워브**(베들레헴 철강 전 회장) -

UCLA의 상징으로 무엇이 생각나나요? 미국에서는 전설적인 농구지도자 존 우든을 빼놓지 않습니다. 그는 농구계를 넘어 교육계에까지 많은 영향을 끼친 인물입니다. 그가 코치로 재직할 당시 UCLA는 NCAA 88연승, NCAA 7년 연속 우승 및 10회 우승 등 엄청난 대기록을 만들어냈습니다. 또 그가 만든 지도법인 '성공의 피라미드'는 지금도 많은 학교 교사가 지도에 활용하고 있습니다.

이런 업적의 밑바탕에는 그만의 칭찬법이 있었습니다. 존 우든은 팀에서 덜 중요한 역할을 맡은 선수에게 훨씬 많은 칭찬과 지지, 인정을 해 주었습니다. 반면 팀 기여도가 높은 선수들에게는 다른 사람들이 보지 않는 곳에 따로 불러 엄청나게 칭찬을 해 주었는데, 이는 다른 사람들의 시기나 질투를 피하면서 그에 걸맞은 칭찬을 해 줄 수 있었기 때문이라고 합니다.

칭찬의 힘이야 누구나 알지만 이렇게 세세한 부분까지 배려하는 진심 어린 애정이 담긴 칭찬이야말로 사람의 마음을 움직이게 하는 최고의 도구가 아닐까 싶습니다.

고래도 칭찬하면 춤춘다고 하지 않던가요?

66

IQ로 따지면 일류 투자자들은 필시 상위 3%와 하위 10%에 속할 것이다.

- **피터 린치**(펀드매니저, 마젤란 펀드 전 CEO) -

피터 린치는 1977년 약 2,000만 달러의 자산과 40여 개의 종목만을 보유하고 있던 마젤란 펀드를 인수해 13년간 운용하면서 단 한 번의 마이너스도 기록하지 않은 전무후무한 성과를 낸 인물입니다. 게다가 이 펀드를 보유 종목 1,400여 개와 140억 달러의 자산을 가진 세계 최대의 뮤추얼 펀드로 키워낸 뒤, 1990년 46세의 나이로 가족과 더 많은 시간을 보내겠다는 말과 함께 돌연 은퇴를 선언한 월가의 전설적인 인물입니다.

그가 남긴 위의 말은 주식투자에 성공하기 위해서는 남과 다른 생각과 판단을 해야 함을 강조한 말입니다. 일반 대중과 같은 생각과 판단으로는 일류가 될 수 없습니다. 일류라는 말 자체가 극소수를 말하는 것이니까요.

누구나 예측 가능한 천편일률적인 생각과 행동으로는 일류가 될 수 없습니다. 다른 이가 미처 생각 못 한 발상과 한 템포 빠른 선택과 행동이 미래 경쟁력의 시작이 될 것입니다.

축구에서도 수비가 예상하는 강슛보다 예상 못 한 방향과 타이밍의 슛이 골이 될 확률이 훨씬 높습니다.

67

일시적인 성공은 말 그대로 일시적인 것임을 기억하자. 일시적인 성공은 치명적인 실패의 원인이 되기도 한다.

- **안철수**(안랩 전 CEO, 국회의원) -

안철수 안랩 전 CEO를 비롯해 세계의 많은 경영인이 빼놓지 않고 강조하는 것이 지속 가능한 성장입니다. 이는 개인, 기업, 국가를 막론하고 똑같이 중요한 요소입니다. 과거 엄청난 성공을 거두며 세계시장을 지배했던 기업이라 할지라도 그 성공이 일시적이라면 좋은 기업이 아니죠.

특히 무언가를 성취했을 때 더욱 조심해야 합니다. 지금 성취한 성공이 앞으로도 계속해서 이룰 수 있는 시스템 속에 이루어진 것인지 아닌지 냉철히 분석해 봐야 합니다. 그렇지 않고 지금의 성공에 도취해 있다면 그동안 사라져간 수많은 국가나 영웅, 기업들처럼 역사의 뒤안길로 사라지고 말 것입니다.

과거 그 많던 좋은 기업들이 위대한 기업으로 도약하지 못하고 오히려 도태되어 버린 주된 이유가, 한때의 성공에 도취되어 자기 자신을 잊고 다가오는 미래에 대비하지 못했기 때문임을 명심해야겠습니다.

로마는 물론 중국의 수많은 제국과 황제의 흥망사를 돌아보면 잠시도 방심할 틈이 없습니다.

68

내가 누구이며 무엇을 하고 있는지 계속해서 질문을 던지고 배워야 한다.

- **로버트 스티븐 캐플런**(골드만삭스 전 부회장, 교수) -

"리더라면 자신이 듣고 싶지 않은, 그러나 들을 필요가 있는 것들을 자신에게 말할 수 있는 5~6명의 부하 직원을 두고 끊임없이 피드백을 받아야 한다."

세계 최고 투자은행 중 한 곳인 골드만삭스 부회장을 거쳐 하버드대학교 경영대학원에 재직 중인 로버트 스티븐 캐플런 교수의 말입니다.

최근에는 "너 자신을 알라"로 대표되는 소크라테스 경영 자세가 리더들에게 요구되는 기본적인 조건으로 인식되고 있습니다.

주변에 직언하는 부하가 없다고요? 그렇다면 이는 부하에게 신뢰를 심어주지 못했거나 그런 문화를 조성하지 못한 리더에게 전적으로 책임이 있습니다.

그런 리더는 결국 피드백의 기회를 놓치고 스스로도 몰랐던 자신의 단점들 때문에 위험에 빠지게 될 것입니다.

항상 스스로를 되돌아보고 주위 사람들의 의견을 묻고 듣는 자세가 필요한 이유입니다.

칭찬이 고래를 춤추게 한다고요? 쓴소리는 인생의 약이 됩니다.

69

분야를 막론하고 명품 브랜드로 인정받으려면 경쟁업체보다 더 창의적이어야 한다.

- **베르나르 포나스**(까르띠에 전 회장) -

164년의 역사를 자랑하는 세계 1위 보석 업체, 롤렉스에 이은 세계 2위 시계 브랜드, 연 매출 약 10조 원 등은 세계 최대의 시계 및 보석 전문업체인 리치몬트 그룹의 대표 브랜드 까르띠에를 수식하는 단어들입니다.

까르띠에의 베르나르 포나스 회장은 까르띠에의 성공 비결은 창의력에서 나오는 미세한 차이 덕분이라고 합니다. 까르띠에의 창의력은 30명으로 구성된 디자인 팀에서 나오는데 이들은 남녀의 비율도 반반이고 세대도 청년에서 중년으로 폭넓으며 유럽, 아시아 등 11개 국가의 출신으로 구성되었다고 합니다. 이렇게 다양한 사람들이 전 세계를 돌면서 보고, 듣고, 냄새를 맡은 데서 나오는 생각들이 뒤섞여 제품이 된다고 하니 창의적일 수밖에 없겠지요.

제한된 경험과 교육으로는 수백 명의 생각이라도 천편일률적일 수밖에 없습니다. 각양각색의 사람들이 모여 있는 조직만이 창의적인 조직이 될 수 있을 것입니다.

쓸 만한 인재가 없다고요? 혹시 일률적인 조건으로 스펙만 따진 것은 아닌지 되돌아보십시오.

70

위대해지려면 새로운 것에 베팅해야 합니다. 크고 과감한 베팅을 해야 합니다.

- **스티브 발머**(MS 전 CEO, NBA LA 클리퍼스 구단주) -

MS의 전 CEO, 세계 8번째 부호, NBA LA 클리퍼스의 구단주…. 모두 MS-IT 전문가에서 스포츠 투자자로 변신한 스티브 발머를 지칭하는 말입니다. 그는 빌 게이츠의 은퇴 이후 2000년부터 2014년까지 MS의 CEO를 맡았었지요. 재임 동안 회사의 순수익을 3배로 늘리고 회사를 안정화시키는 업적을 이루었으나, 몇몇 잘못된 선택으로 평이 극과 극으로 갈렸던 경영인이기도 합니다.

MS에서 나온 뒤 그가 제2의 인생을 시작한 곳은 뜻밖에도 IT기업이 아닌 NBA였습니다. 엄청난 농구팬이던 스티브 발머가 LA 클리퍼스를 20억 달러에 매입하며 구단주가 된 것입니다. 그는 스포츠 운영 및 과감한 투자에서도 진가를 발휘합니다. 역대 프로농구 사상 최고 금액을 한꺼번에 완납한 뒤 50%가량을 세금 환급 목적으로 돌려받는 수완을 발휘하였고, LA에 20억 달러 세계 최첨단 돔 경기장을 건설하기로 한 것입니다. 앞으로 그가 스포츠 비즈니스 분야에서도 성공하게 될지 귀추가 주목됩니다.

자신이 한 말처럼 스포츠 분야에서도 크고 과감한 베팅을 하고 있군요.

"자신의 생각만큼
나의 활동 범위를 제한하는 것도 없으며,
생각만큼 가능성을 높여주는 것
또한 없으므로
큰일을 하고 싶다면
자신을 더 높은 목표에 올려놓으라.
한 번에 도달하지 못하여도
도전한 만큼 성장하여 발전한다."

-이의현-

PART 2

SUMMER

1

문제를 해결하는 가장 좋은 방법은 협력하고 협력하는 것입니다.

- **팀 쿡**(애플 CEO) -

2011년 스티브 잡스가 세상을 떠나자 세간에선 '잡스 없는 애플이 얼마나 갈까?' 의심스러워했습니다. 이러한 우려를 떨쳐내고 애플을 세계에서 가장 가치 있는 기업으로 성장시킨 CEO가 바로 팀 쿡입니다. 잡스가 아이폰, 아이패드, 맥북 등에서 혁신을 이루며 애플의 토대를 닦았다면, 팀 쿡은 뛰어난 경영능력으로 애플을 세계에서 가장 비싼 회사로 만든 장본인입니다. 2023년 애플의 시가총액은 2조 7천억 달러로 전 세계 1위입니다.

잡스가 디자인과 제품에서 선택과 집중을 강조했다면, 팀 쿡은 공급망 관리에서 빛을 발했습니다. 애플에 합류한 지 7개월 만에 재고를 30일 치에서 6일 치로 줄였고, 세계 최초로 아웃소싱을 본격화한 공급망 관리로 '흑자 전환'의 길로 이끎과 동시에, 애플을 사회적 기업이자 모범이 되는 기업으로 성장시켰습니다.

그는 항상 문제를 해결하는 가장 좋은 방법은 함께 일하는 것이라고 강조합니다. 그래서인지 애플의 직원들은 팀 쿡의 리더십에 무한한 신뢰를 보내고 있죠. 우리가 공동의 목표를 향해 함께 노력할 때 더 많은 것을 성취할 수 있음을 한 번 더 깨닫게 해 줍니다.

팀워크와 협업, 애플이 세계 1위 기업으로 우뚝 서게 된 원동력이었군요.

2

우리는 미래 고객,
특히 젊은 세대들의 목소리에 귀를 열어야 한다.

- **정의선**(현대자동차그룹 회장) -

여러분은 '돈쭐내다'라는 말을 들어본 적이 있나요? '돈쭐내다'는 '돈'과 '혼쭐내다'를 합친 말로, 선한 영향력을 행사한 가게나 기업에 '착한 소비'로 보답하겠다는 소비행태를 말합니다. 이런 소비행태를 주도하는 것은 MZ세대라고 합니다.

2005년 기아차 사장으로 부임한 이후 미래를 예측하는 탁월한 능력과 융합의 리더십으로 2023년 1분기 역대급 실적을 기록한 현대자동차그룹의 정의선 회장. 그가 집중하고 있는 부분이 바로 MZ세대와의 소통입니다. 지난 5월 정 회장이 전국경제인연합회 주최 한국판 버핏과의 점심 〈갓생 한 끼〉 행사에 참석해 MZ세대 30명을 직접 만난 것도 그 일환이라 할 수 있습니다. 이를 통해 잠재적 소비군인 MZ세대를 우군으로 만들고, 과거 현대 차 그룹의 딱딱한 이미지까지 변화시킬 수 있기 때문입니다.

치열한 글로벌 시장에서 현대자동차가 단순한 '완성체 업체'가 아닌 '미래 모빌리티 솔루션 기업'으로 거듭나도록, 오늘도 미래를 준비하고 열린 마음으로 MZ세대들의 목소리에 귀를 기울이는 정의선 회장의 행보가 기대되는 이유입니다.

미래의 고객을 위한 또 다른 투자, 경청과 수용입니다.

3

성공은 얼마나 오래 일했느냐에 달려 있지 않다. 만약, 하루 종일 일주일 내내 일한다면 당신은 어떤 흥미로운 발상도 하지 못할 것이다.

- **수잔 워치츠키**(유튜브 전 CEO) -

구글의 어머니로 불리며 유튜브 CEO였던 수잔 워치츠키가 지난 2월 유튜브를 떠났습니다. 가족과 건강, 개인적인 프로젝트에 초점을 맞춘 새로운 장을 시작하려 한다는 것이 그의 사임 이유였지요.

1999년 구글에 입사한 워치츠키는 2014년부터 구글이 운영하는 유튜브 CEO로 활동해 왔습니다. 특히 구글 초창기 시절 래리 페이지와 세르게이 브린 창업자에게 자신의 집 차고를 내어준 사람으로도 유명합니다. 이후 유튜브 CEO에 오른 뒤에는 더욱 승승장구했습니다. 그의 CEO 재임 기간 유튜브는 월간 실사용자 수 25억 명, 매분 500시간 이상의 콘텐츠가 올라오는 세계 최대 동영상 플랫폼으로 발돋움했으니까요. 그런데 10년 가까이 유튜브를 이끌며 세계 최대 동영상 플랫폼으로 성장시킨 정보기술(IT) 업계의 거물인 그가, 지금이 자신이 물러날 적기라며 스스로 사임한 것입니다.

성공은 얼마나 오래 일했느냐에 달려 있지 않다는 그의 말처럼, 머물 때와 떠날 때를 알고 그것을 실천으로 옮긴 수잔 워치츠키의 현명함에 찬사를 보냅니다.

가장 높은 자리에 있을 때 내려올 수 있는 용기, 빛나는 내일의 첫걸음입니다.

4

사람들이 말하는 것처럼 나는 하루아침에 성공했다. 하지만 그 아침을 맞이하기 위해 30년 동안이나 기나긴 밤을 보내야 했다.

- **레이 크록**(맥도날드 창업자) -

"콜럼버스는 미국을 발견했고, 제퍼슨은 미국을 건국했고, 레이 크록은 미국을 '맥도날드화' 했다." 1983년에 레이 크록을 '20세기 미국인의 생활에 가장 큰 영향을 끼친 50인' 중 하나로 선정한 〈에스콰이어〉지의 기사 중 한 대목입니다. 레이 크록은 미국인의 입맛을 맥도날드 햄버거로 표준화했지만, 그의 진정한 공로는 이른바 '맥도날드 시스템'이라는 프랜차이즈를 창조해 낸 것입니다.

그는 남들이 은퇴 후를 계획할 52세 때 패스트푸드 사업에 도전합니다. 남들은 늦은 나이라 만류했으나 그는 인내하고 노력하여 맥도날드를 전 세계 패스트푸드 업계 1위로 성장시켰습니다.

물론 양날의 칼처럼 빠르고, 간편하고, 싼 가격 등의 긍정적 시각과 정크푸드의 대명사, 성인병과 어린이 비만의 주범, 매장 근로자의 노동 강도에 대한 문제점 등의 부정적 시각도 존재합니다.

그럼에도 맥도널드가 전 세계에 엄청난 체인점을 가진 세계화의 상징이 될 수 있었던 것은 창업 이후 단 한 번도 현장을 떠나지 않은 리더, 레이 크록 덕분 아닐까요.

역시 인내와 끈기야말로 성공의 보증수표인가 봅니다.

5

맛에 국경은 없다. 인류는 면류다.

- **안도 모모후쿠**(닛신식품 창업자) -

우리가 즐겨 먹는 라면은 어느새 전 세계적으로 사랑받는 음식이 되었습니다. 2022년 전 세계에서 소비된 라면이 1,212억 개로 전년대비 2.56% 증가할 정도니 놀라울 따름입니다. 라면은 누가 언제 만들었을까요?

라면은 1958년 닛신식품의 창업자인 안도 모모후쿠가 맨 처음 개발하여 상품화했습니다. 이후에도 안도 회장은 라면을 꾸준히 연구하여 1971년에는 컵라면을 발명하였고, 2005년에는 그가 직접 지휘하여 세계 최초의 우주식 라면을 개발했습니다.

안도 회장은 2007년 세상을 떠날 때까지 매일 라면을 먹었다고 하니, 정말 라면 사랑이 대단한 사람이었습니다. 그런 그가 입버릇처럼 하던 말이 바로 "시간은 생명이다"입니다. 안전하고 안심하고 바로 먹을 수 있는 라면의 등장으로 오늘날 사람들은 식사를 만드는 시간을 절약할 수 있게 되었으며, 시간을 유용하게 쓸 수 있게 되었지요. 안도 회장은 라면을 통해 시간을 상품화한 것입니다.

'음식을 만들어 세상을 위한다'라는 안도 회장의 철학과 제품을 통해서 사회에 공헌하고자 하는 안도 회장의 생각은, 오늘날 여러 기업이 거울로 삼아도 좋을 듯합니다.

모름지기 먹는 것이 넉넉해야 세상이 평온한 법입니다.

6

1%의 기회와 운이 태풍의 길목에 선 돼지도 날게 한다.

- **레이쥔**(샤오미 공동창업자이자 CEO) -

"10년 안에 애플과 삼성을 꺾고 세계시장 1위를 차지하겠다."

창립 5주년을 맞아 샤오미 공동창업자이자 CEO인 레이쥔이 한 말입니다. 당시만 해도 이 말을 믿는 사람은 별로 없었지요. 그러나 2021년 6월 점유율 17.1%로, 삼성전자(15.7%), 애플(14.3%)을 제치고 처음으로 월간 스마트폰 판매량 1위를 기록했습니다. 물론 잠깐이긴 했어도 레이쥔의 말이 실제로 이루어진 것입니다.

2010년 중국의 실리콘밸리로 불리는 베이징 중관춘에서 레이쥔이 동업자들과 좁쌀죽을 먹으며 미래를 논의한 것이 샤오미의 초석이 되었다고 합니다. 샤오미는 중국말로 좁쌀을 뜻합니다. 보잘것없는 좁쌀을 사명으로 쓴 이 회사가 현재 세계에서 4번째 규모의 휴대전화 제조업체가 된 것입니다.

조직이 커질수록 CEO는 직원들과의 간극이 커지기 마련인데, 레이쥔은 여전히 초심을 유지하고, 여전히 직원들과 원활한 소통을 하고 있다고 합니다. 잘 들어주고, 잘 소통하고, 사람을 잘 이끌고, 그들의 꿈을 잘 키워주는 것이야말로 혁신을 원하는 모든 기업의 미덕일 것입니다.

초심을 잃지 않고 직원을 중시한 것이 현재 샤오미의 존재이유였군요.

7

5%는 불가능해도 30%는 가능하다.

- **세르게이 브린**(구글 공동창업자) -

전 세계인이 검색하기 위해 가장 많이 방문하는 웹사이트는 어디일까요? 1위는 세계 검색엔진의 90%를 점유하고 있는 구글입니다.

래리 페이지와 함께 구글을 창업한 세르게이 브린은 몇 년 전 구글의 CEO로서 이세돌 9단과 알파고의 대국을 관전하기 위해 한국에 방문한 적이 있어 우리에게도 친숙한 사람입니다. 그는 특히 인상적인 명언을 남긴 CEO로도 유명한데, 대표적인 것이 바로 위의 글입니다. 목표를 5%로 잡으면 생각의 범위도 그만큼 작아지지만, 무모해 보이는 목표를 세우면 혁신적인 생각을 통해 성과를 이뤄낼 수 있다는 뜻이겠지요.

순 자산 124조 원의 세계 10위 부자이기도 한 브린은 구글을 퇴사한 후 현재 5억 달러(약 6,600억 원) 규모의 신경계 질환 치료법과 기후 변화 대응책을 연구하는 비영리단체 설립을 준비 중이라고 합니다. 이전에도 청정에너지 법안 지지 활동을 하는 비영리단체에 3만 달러를 지원한 바 있고, 파킨스병 등 퇴행성 질환 연구에 주로 기부하고 있는데 관련 분야에 총 11억 달러를 기부한 것으로 알려져 있습니다. "악한 일을 하지 않고도 돈을 벌 수 있다"라는 자신의 말을 제대로 실천하고 있군요.

우리나라에도 선한 영향력을 미칠 수 있는 CEO들이 더 많아지면 좋겠습니다.

8

당신의 재산에 대해 묻고 싶은 질문 딱 한 가지. 당신은 그 재산으로 어떤 일을 할 것인가?

- **존 데이비슨 록펠러**(록펠러재단 창립자) -

현대사에서 미국은 물론 전 세계에서 가장 부유한 기업인은 일명 '석유왕'으로 불리기도 하는 존 데이비슨 록펠러입니다. 무에서 유를 창조한 자수성가의 표본이기도 하지요.

그는 어려서 집안 형편이 좋지 못하여 고등교육을 받지 못하였다고 합니다. 16세부터 사업을 시작하다가 석유회사 '스탠더드 오일'을 창업하면서 많은 부를 쌓았습니다. 당시 미국 정유산업의 90%, 원유 채굴의 1/3을 장악할 정도였다고 합니다.

하지만 빛이 있으면 어둠이 있는 법. 사업 확장을 위해 편법과 불법도 많이 저질렀다고 합니다. 그러던 중 55세 때 시한부 판정을 받은 적이 있었는데 그때 병원 로비에 걸려 있던 "주는 자가 받는 자보다 복이 있다"라는 글을 보았고, 마침 돈이 없어서 입원하지 못하는 한 환자의 입원비를 대납하면서 나눔의 삶을 살기 시작했습니다. 1913년 설립된 록펠러재단이 그것입니다.

록펠러가 세상에 남긴 것은 재산만이 아닙니다. 어려운 환경 속에서도 이를 탓하지 않고 묵묵하게 자신의 길을 간 젊은 벤처 기업인의 일생은 우리에게 많은 교훈을 줍니다.

나눔은 성공의 완성임을 또 한 번 깨우치네요.

9

다섯 가지 '마라'

- **최태원**(SK그룹 회장) -

몇 년 전 최태원 SK그룹 회장이 SNS에 '다섯 가지 마라' 제목으로 글을 올려 화제가 된 적이 있습니다.

1. 사람이 마음에 안 든다고 헐뜯지 마라.
2. 감정의 기복을 보이지 마라.
3. 일하시는 분들 함부로 대하지 마라.
4. 가면 쓰지 마라.
5. 일희일비하지 마라.

게시글 하단에 "20년 전 썼던 글"이라며 "나와 제 아이들에게 늘 하는 이야기들입니다"라고 덧붙였는데 기본과 예절을 중시하는 최 회장의 생각을 읽을 수 있었습니다. 최태원 회장은 SK그룹 직원 사이에서도 인간적인 평판이 상당히 좋은데, 직원들을 대할 때 항상 예의를 갖추고 친절한 자세를 보여서라고 합니다.

2022년 SK그룹이 현대자동차를 꺾고 재계 2위 자리에 오른 데는 최 회장의 '원팀 리더십'이 큰 몫을 했습니다. 최 회장을 중심으로 각 계열사가 기민한 경영을 펼친 결과물인 것이지요. 무엇보다 회사 구성원들의 행복한 삶을 중시하고 사회적 가치를 구현하는 최태원 회장의 다음 행보가 기대됩니다.

여러분은 위의 다섯 가지 '마라' 중 무엇을 실천하고 있나요?

10

회사에서 일하려면 지혜를 펼쳐 보여라. 지혜가 없다면 땀이라도 흘려라. 땀이 없다면 조용히 회사를 떠나라.

- **도코 도시오**(도시바 전 회장) -

일본에서 혼다 소이치로와 마쓰시타 고노스케 못지않게 존경받는 인물이 있습니다. 도시바 회장을 거쳐 일본 경단련 회장을 겸임했던 도코 도시오입니다. 도시오 회장은 일본 재계를 대표하는 인물이면서도 냉난방이 안 되는 교외의 협소한 집에 살면서 낡은 양복 몇 벌로 평생을 지냈고 구두는 창을 갈아 신을 정도였다고 합니다. 도시바의 사장이면서도 집에 컬러텔레비전이 없는 걸 알고 종업원들이 100만 대 생산기념으로 한 대를 구입해 선물할 정도였다고 하니 그의 검소함은 우리의 상상력을 초월하는 수준입니다.

하지만 경영철학만큼은 카리스마가 넘쳤습니다. 그는 솔선수범하며 늘 강조했습니다. "회사가 망하면 직원도 없는 법이다. 회사가 망하기 전에 사원들은 지금보다 머리를 3배 더 써라. 돈 많이 받는 중역들은 10배를 더 일해라. 나는 그들보다 더 일하겠다."라고 말이지요. 일에 있어서는 철저하고, 생활은 검소하고, 공사 구분은 투철하고, 직원에겐 친구 같았던 도시오 회장. 그를 통해 요즘 경영자들도 배워야 할 점이 많을 것입니다.

훌륭한 생활태도가 뛰어난 경영자를 만들어 내는 것은 진리입니다.

11

타이밍, 인내, 10년간의 시도가 당신을 하룻밤 사이 성공한 사람처럼 보이게 만들어 줄 것이다.

- **비즈 스톤**(트위터 공동창업자) -

단 140자로 세상과 소통하는 방법은 무엇일까요? 바로 트위터를 하는 것입니다. 물론 초기 트위터일 때 얘기입니다. 현재 미국 등에서는 1만 자까지 확대되었으니까요.

"트위터는 한 가지 일만 합니다. 바로 사람들이 시간과 공간의 제약을 받지 않고 '트위트(Tweet · 새가 지저귀다)'하는 공간을 만드는 겁니다. 전 세계에서 일어나는 일을 가장 빨리 알고 싶다면 트위터에 접속하세요." 트위터 공동창업자 중 한 명인 비즈 스톤의 말입니다. 고교 중퇴 이후 피자 배달 등 안 해 본 일이 없었던 그는 잠시 구글에 특별 채용돼 근무했다가 2006년 재미있는 구상을 하기 시작했습니다. 바로 트위터입니다. 전 세계 어디에서든 모바일 인터넷을 통해 실시간 단문 메시지를 전파한다는 기발한 생각을 해낸 것입니다.

창업 초기에는 "트위터는 쓸모없다"라는 비아냥도 받았으나 스톤은 서로의 생각을 나눔으로써 재미를 끌어낼 수 있다고 믿었습니다. 그의 생각처럼 이후 트위터는 온라인 광장에서 서로의 생각을 주고받는 스마트폰 커뮤니케이션의 혁명적 변화를 불러왔지요.

'140자 마법'의 성공 열쇠는 타이밍, 인내, 10년간의 시도였군요.

12

우리만 잘났다고 주장하는 건 리더십이 아닙니다.

- **사티아 나델라**(마이크로소프트 CEO) -

한때 혁신의 상징으로 여겨지던 마이크로소프트. 어느 순간부터 과거의 성공에 취해 새로운 혁신이 멈추고, 그 혁신을 대신한 자리에 내부 직원들의 치열한 경쟁만이 남게 되었습니다. 당연히 회사는 점점 쇠락했지요.

이런 상황 속에서 사티아 나델라가 마이크로소프트의 세 번째 CEO에 올랐습니다. 나델라는 임원들과 기술자들이 모인 회의에서 "저는 이 기술을 몰라요. 설명을 해주세요"라고 솔직하고 말했다고 합니다. 그러고는 "모른다는 것과 실패했다는 것은 멍청하다는 의미가 아닙니다. 성장을 의미하는 것입니다. 우리에겐 천재가 필요한 게 아니라 서로 협력하는 팀이 필요합니다"라는 말을 덧붙인 것이죠. 그러자 그동안 천재 흉내를 내었던 임직원들은 숨통이 트여 모르는 것은 솔직하게 서로 묻고 답했다고 합니다. 나델라가 CEO가 된 후 과거 경쟁 중심의 회사에서 팀워크 중심의 회사로 거듭나며 마이크로소프트는 제2의 전성기를 맞게 되었지요.

리더의 큰 실수 중 하나는 자신이 모든 것을 안다고 생각하는 것입니다. 리더가 모르면서도 아는 척하며 지시를 내릴 때 오히려 존경과 권위가 사라지게 됩니다.

모르는 것을 모른다고 하는 것, 이것이 리더의 출발점입니다.

13

나는 내가 하는 모든 일에 있어서 항상 가능성이 얼마나 되는지를 따져본다.

- **리처드 브랜슨**(버진그룹의 창업자이자 회장) -

펀(Fun)경영, 창조경영, 도전정신의 대명사로 불리는 영국 최고의 기업, 버진그룹의 리처드 브랜슨 회장은 무모해 보이는 일에도 과감한 도전을 즐기는 괴짜 경영인으로 유명합니다.

미국의 TV 프로그램 〈빌리어네어, 최고의 인재를 찾아라〉의 우승자 숀 넬슨에게 상금 100만 불을 시상하기 위해 나온 그는 이렇게 제안했습니다. "동전을 던져 당신이 원하는 면이 나오면 더 많은 상금을 주겠소. 그러나 반대 면이 나오면 100만 불도 잃을 거요. 어쩌겠소?" 그러자 숀 넬슨은 답했습니다. "동전 던지기 같은 것에 내 소중한 100만 불을 거는 모험 따위는 하지 않겠습니다." 리처드 브랜슨은 이 대답에 흡족해하며 그를 중용했다고 합니다.

세상 사람들은 겉모습만 보고 리처드 브랜슨을 무모한 도전을 즐기는 괴짜나 모험가로 보지만, 사실 그는 철저하게 분석·계산해서 실현 가능한 위험에만 도전해온 것을 알 수 있습니다. 그래서일까요? 그는 2021년 자신의 우주관광 회사 버진 갤럭틱의 관광용 우주선 '유니티'호에 다른 승무원 5명과 함께 탑승하고 14분간 우주비행에 성공하기도 했습니다.

당신의 선택은 무엇인가요? 동전 던지기에 100만 불을 걸 수 있나요?

14

돈을 남기면 하수, 업적을 남기면 중수, 사람을 남기면 고수다.

- **아키모토 히사오**(헤이세이건설 창업자이자 CEO) -

일본의 헤이세이건설은 20년이 넘도록 단 한 번의 적자도 없이 성장하고 있는 기업으로 유명합니다. 대대로 목수의 집안에서 태어난 CEO 아키모토 히사오는 점점 목수가 홀대받고, 목수가 되고자 하는 젊은이들도 사라지는 것을 보고 자신이 직접 헤이세이 건설회사를 세웠습니다.

그는 아웃소싱이라는 기존의 관행을 깨고 모든 공정을 회사 내부에서 소화할 수 있도록 시스템을 개혁했습니다. 대졸 엘리트를 정규직 목수로 채용해 처음부터 일을 현장에서 배우게 하는 교육과정을 만든 것이지요. 헤이세이건설에서는 고급 인력을 10년 이상, 길게는 20년 이상 투자해서 최고의 목수로 성장시킵니다. 이 회사의 직원들이 자부심을 갖고 모든 공정에 대해 정성을 들이는 것은 당연한 일입니다. 공들여 키운 인재가 회사를 더 아끼고 사랑하며, 이 정신은 그대로 소비자에게 전해집니다.

직원들의 퇴사율이 현저히 낮다는 헤이세이건설, 이러한 창업주의 인재경영에 감동하지 않을 사람이 어디에 있을까요.

'일하고 싶은 기업'을 만든다면, 성공과 명예는 자연히 따라올 것입니다.

15

헌신적 소수가 세상에 큰 변화를 가져온다.

- **마거릿 미드**(인류학자) -

많은 리더가 조직의 변화를 이끌고 싶어 합니다. 그런데 변화에는 많은 인원이 필요하지 않습니다. 그렇다면 어느 정도의 사람이 조직의 변화를 이끌 수 있을까요?

독일에서 사람 200명을 모아놓고 그중 10명에게는 "9시 방향으로 가라"라는 비밀지시를 내렸고, 나머지 190명에게는 "집단을 이탈하지 말라"라는 비밀지시를 내렸습니다. 이윽고 10명이 9시 방향으로 움직이기 시작하자 집단이 동요하기 시작했고, 서서히 몇 명이 9시 방향으로 따라 이동하기 시작하더니 금방 전체가 움직이기 시작했다고 합니다. 이 실험을 근거로 해서 '변화의 5% 법칙'이라는 말이 생겨났습니다. 이처럼 큰 조직의 변화도 결국은 소수의 작은 움직임을 시작으로 번져나갑니다. 그래서 변화에 공감하는 소수의 선구자가 필요한 것이죠.

무작정 "나를 따르라"라고 외치지 말고 소수의 선구자가 되어야 합니다. 전체를 변화시켜야 한다고 생각하면 막연하고 불가능해 보이지만 소수만 공감시키면 된다고 생각하면 그리 어렵게 느껴지지 않을 것입니다.

집단을 타락시키는 것도 진화시키는 것도 소수에 의해 시작됩니다.

16

나는 끊임없이 배운다.
배움을 멈추지 않는다면
내 가능성도 끝이 없기 때문이다.

- **강영중**(대교그룹 회장) -

대교그룹의 강영중 회장은 대학 졸업 후 시작한 조그만 공부방을 국내 1위 학습지 '눈높이'로 유명한 (주)대교를 비롯해 계열사 21개에 1조 원이 넘는 매출을 기록하는 중견그룹으로 키워낸 입지전적인 경영인입니다.

그는 항상 배우는 자세를 유지한 덕분에 위기의 순간에도 흔들리지 않는 신념을 지킬 수 있었고 새로운 도전과 발전을 도모할 수 있었다고 합니다. 그가 말하는 배움은 학교에서 배우는 공부가 아니라 세상에서 다양한 도전과 경험을 통해 사고의 창의성과 유연하게 소통할 수 있는 마인드를 습득하는 것을 말합니다. 이런 배움형 인간이 되려면 태도, 겸손, 원칙, 열정, 가능성, 노력 등 6가지 덕목을 갖춰야 한다고 합니다.

성공에 있어서 꿈과 열정만큼 중요한 것은 없습니다. 하지만 이 꿈은 배움을 통해 꿀 수 있고, 배움이 없는 열정은 무모함에 그칠 수 있습니다. 스스로의 자세에 따라 현재 자기가 있는 모든 곳에서 배움의 기회를 만들 수 있습니다.

배움이 꼭 학교에서만 이루어지는 것은 아닙니다.

17

일개 부서가 아닌 회사 전체가 고객센터가 되어야 한다.

- **토니 셰이**(재포스의 창업자이자 전 CEO) -

온라인 신발 전문 쇼핑몰 재포스(Zappos)의 창업자인 토니 셰이는 창업 6~7년이 되어 조직이 점점 커지자, 이에 적합한 태도에 관한 가치를 정립할 필요성을 느꼈다고 합니다.

이후 자신이 먼저 37가지 태도 목록을 짜고 나서, 1년이 넘도록 모든 구성원에게 여러 번 이메일을 보내 조언과 피드백을 받는 노력을 기울였습니다. 이렇게 모든 구성원의 참여 과정을 거쳐 도출된 재포스의 최종 10가지 핵심 가치는 지금도 활발하게 조직 전 영역에서 활용되고 있습니다.

재포스는 콜센터 직원의 상담 시간을 재지 않는 것으로 유명합니다. 그래서 가장 긴 고객 상담 전화는 6시간이 될 정도로 효율성은 떨어지지만, 모든 상담원이 고객의 불편을 해결하기 위해 최선을 다함으로써 고객과 깊은 유대감을 형성하고 있습니다.

직원들의 목소리를 듣고, 고객 감동을 우선으로 했던 재포스가 창업 10여 년 만에 연간 매출 10억 달러를 초과하는 기업으로 성장한 것은 당연한 일이었겠죠.

조직이 커질수록 직원들 간의 목표일치가 필요합니다.

18

당신의 생각을 회사가 보장해 줄 수는 없으나, 내가 개인적으로 보장해 주겠다.

- **오가 노리오**(소니 전 CEO) -

1990년대 초, 소니는 단독으로 가정용 게임기 시장에 진출하느냐 마느냐를 결정해야만 했습니다. 당시 개발자인 구타라기 켄은 소니가 개발하고 있는 3D 컴퓨터 그래픽을 사용한 새로운 포맷을 활용해 게임사업에 참여해야 한다고 강하게 주장했습니다. 임원들 대부분이 독불장군인 그의 의견을 지지하지 않았지만, 당시 소니 CEO였던 오가 노리오는 구타라기의 가능성을 보고 사업 추진을 승인하며 위와 같이 말했습니다.

한 직원의 창의성과 가능성에 회사의 미래를 건 것입니다. 아무리 구타라기의 창의적 역량이 뛰어나고 열정이 높았다 하더라도, CEO의 지원이 없었더라면 게임 산업의 한 획을 그었다는 평가를 받는 '플레이스테이션'은 시장에 출시되지 못했을 것입니다.

이처럼 창의적 산물은 단지 아이디어가 좋다고 해서 만들어지는 것은 아닙니다. 사업을 처음 시작하는 벤처 기업이나 기존 기업 모두, 도출된 아이디어를 제대로 지원할 수 있는 조직과 리더의 역량이 무엇보다 중요함을 알아야겠습니다.

플레이스테이션으로 승승장구하던 소니가 옛 명성을 되찾을 수 있을까요?

19

우리의 기본 철학은 잘하고 있고 잘할 수 있는 곳에 자원을 집중하는 것이다.

- **맥 휘트먼**(이베이, HP 전 CEO) -

1998년부터 2008년까지 이베이의 CEO, 2011년부터 2015년까지 HP의 CEO를 역임한 맥 휘트먼이 남긴 말입니다.

이베이는 세계 각국에 1만여 명의 직원과 2억 명에 가까운 엄청난 회원을 확보한 세계적인 인터넷 전자상거래 회사입니다. 이 회사는 특히 아시아 시장의 중요성을 강조하며 한때 중국, 한국, 대만 등 아시아 시장에 많은 관심을 보였습니다.

그러나 한국에서는 옥션과 G마켓 등을 운영(이베이코리아)하다가 2021년 신세계 그룹에 매각하였고, 일본에서는 지난 2000년에 일찌감치 철수를 선언하고 포기했습니다. 이는 한국에서는 쿠팡 등이, 일본에서는 야후재팬 등이 이미 시장을 장악하고 있는 상황에서 역전하기 위해 역량을 낭비하기보다는, 그 자원을 더 유리한 상황의 다른 시장 공략에 집중하기 위해서였다고 합니다.

선택과 집중의 원리가 오늘날의 이베이를 만들었다고 해도 틀린 말은 아닐 것입니다.

비전문 분야까지 문어발식 경영을 일삼는 기업들의 말로가 이베이와는 정반대일 것이라는 생각이 드는 것은 지나친 기우일까요?

20

위대한 기업을 창업하는 것이 그리 어려운 일이랴! 위대한 아이디어만 있다면 말이다.

- **제리 양**(야후의 공동창업자이자 전 CEO) -

Yahoo! 인터넷 시장의 경쟁이 치열해지면서 지금은 구글에 밀려 수익률이 낮은 국가의 서비스를 중지하거나 매각하였으나, 1994년 창립 이래 10여 년간 검색엔진의 대명사로 군림하던 회사였습니다. 단 일본은 예외로 일본 야후(야후재팬)는 1990년대 말에 일본의 소프트뱅크의 자회사로 매각 분리하였고, 현재는 소프트뱅크와 대한민국 네이버의 합작회사입니다.

데이비드 필로와 야후를 공동 창업한 제리 양은 스탠퍼드 대학에 재학 중일 때 검색엔진이라는 작은 아이디어를 떠올렸고, 이것을 수백억 달러의 매출을 올리는 기업으로 키워낸 것이죠. 인터넷 초창기 야후를 거치지 않은 웹서핑은 생각할 수 없을 정도로 야후의 입지는 독보적이었습니다. 당시 모든 길은 야후로 통했지요.

위대한 기업은 풍족한 자본과 높은 학식이 아니라, 남들이 상상하지 못하는 것을 상상할 줄 아는 사람이 탄생시킨다는 진리를 되새기게 하는 말입니다.

한때 '인터넷 제왕'이라 불리던 제리 양은 급변하는 인터넷 환경에 적응하지 못한 대가로 2012년 야후를 떠났습니다.

21

소크라테스와 점심을 함께할 수 있다면 우리 회사의 모든 기술을 내줄 수 있다.

- **스티브 잡스**(애플 전 CEO) -

"애플은 인문학과 테크놀로지의 교차점에 있다."

이 말은 스티브 잡스가 아이패드의 출시일 프레젠테이션에서 한 말입니다. 이처럼 그는 인문학의 중요성을 인식하고 있었습니다. 그러니 소크라테스와의 만남을 간절히 원했을 것입니다.

많은 이들은 스티브 잡스를 위대한 경영자나 상상력이 풍부한 엔지니어로만 알고 있겠지만 사실 그는 인문학에도 깊은 관심을 갖고 있었습니다.

많은 사람이 애플의 제품에 열광하는 이유가 단지 '기능'과 '디자인'이 다른 회사 제품보다 뛰어나기 때문만은 아닙니다. 대중들은 애플 제품에는 스토리와 철학이 있다고 느끼고 있습니다. 그래서 단순한 소비자가 아니라 팬이자 충성스러운 지지자가 되고 있는 것입니다.

이젠 기술력만으로는 대중의 마음을 끌어올 수 없습니다. 미국의 많은 경영인이 심리학 등 인문학을 공부했다는 사실이 우연만은 아닐 것입니다.

페이스북의 창립자 마크 저커버그도 부전공이 심리학이라고 하죠.

22

약속은 꼭 지킨다.

- **구본무**(LG그룹 전 회장) -

널리 알려진 대로 LG그룹은 1940년대 구씨 일가와 허씨 일가가 동업해서 키워온 기업입니다. 세월이 흐르고 규모가 커지면 분리하기로 약속하고 시작했다고 합니다. 그룹 전체의 경영은 구인회-구자경-구본무로 이어지는 구씨 일가가 주도해왔습니다.

지난 2005년 LG그룹은 구본무 회장의 LG와 허창수 회장의 GS 그리고 구인회 창업주의 동생들인 LS로 계열분리를 실시했습니다. 잡음 없이 60여 년 전의 약속을 실천한 것입니다. 이들 기업은 계열분리 뒤 상호협조를 함으로써 더욱 빠르게 성장하고 있습니다.

특히 구본무 회장은 지난 23년 동안 '정도경영'의 원칙을 지키며 LG그룹을 성장시켰고, 항상 약속 시각보다 30분 먼저 도착해 상대방을 기다렸던 것으로도 유명합니다.

그동안 많은 기업이 부모와 자식 간 또는 형제간 재산 다툼으로 사회에 안 좋은 모습을 보여 왔습니다. 그와는 반대로 인간적인 신뢰를 바탕으로 함께 성장해가는 모습을 보이는 이들 기업에 대해 사회의 신뢰도가 높아지는 것은 당연하다고 할 것입니다.

신뢰 없이는 기업도 장수할 수 없다는 인식이 사회에 뿌리내려야겠습니다.

23

아이디어를 가진 자여! 절대 포기하지 말라.

- **킹 캠프 질레트**(질레트 창업자) -

인류는 선사시대부터 면도를 하지 않고 살았고, 시간이 흐른 뒤에는 크고 무거운 칼로 수염을 깎으며 살아왔습니다. 무척 불편하고 위험하기까지 했는데도 누구도 개선할 생각을 하지 않았습니다. 적어도 1895년 한 세일즈맨이 급히 면도하다가 얼굴을 베이기 전까지는 말이죠.

얼굴을 베인 킹 캠프 질레트라는 이 세일즈맨은 어떻게 하면 안전하고 편리하게 면도를 할 수 있을까 궁리하다가, 이발할 때 머리에 빗을 대고 가위질을 하는 것에서 아이디어를 얻어 면도기 개발을 시작했습니다. 사람들이 쓸데없는 짓 한다며 비웃어도 굴하지 않던 그는 6년 뒤 손잡이 위에 헤드가 있고 그 헤드 안에 이중 날을 끼운 'T'자형 면도기 개발에 성공했습니다. 그리고 자신의 이름을 따 '질레트'라는 회사를 설립했습니다. 질레트는 오늘날까지 100년이 넘는 세월 동안 세계 면도기 시장을 지배하고 있습니다.

생각하고 그 생각을 행동으로 옮긴 한 사람이 인류의 삶을 바꿀 제품을 탄생시킨 것입니다. 생각과 실천이 세상을 바꿉니다.

기술은 여기서 또 진보해 전기면도기를 낳았죠. 다음은 어떤 면도기가 등장할까요? 로봇 면도사?

24

벽에 부딪히면 그 벽을 무너뜨려라.

- **크리스 가드너**(크리스토퍼 가드너 인터내셔널 홀딩스 CEO) -

1981년 샌프란시스코의 한 고졸 흑인은 의료기기 외판원으로 빈곤한 삶을 겨우겨우 이어 나갑니다. 배운 것도, 가진 것도 없던 그는 세상의 불행을 한꺼번에 맞이하게 됩니다. 이혼과 파산으로 어린 아들만 홀로 안은 채로 노숙자 신세가 된 것입니다. 낮에는 주식 중개사의 인턴으로, 밤에는 노숙자 쉼터에서 남들보다 몇십 배, 몇백 배 열심히 공부한 그는 결국 투자회사의 정직원이 됐고 6년 후 자신의 이름을 딴 투자회사를 설립해 억만장자가 되었습니다.

이것은 현재 크리스토퍼 가드너 인터내셔널 홀딩스의 CEO인 크리스 가드너의 실화입니다. 그는 노숙자 생활을 할 때도 걸음걸이에 자신감이 넘쳤으며, 항상 당당함을 잃지 않았다고 합니다. 지금 가난하다고 해서 미래에도 가난한 것은 아니라는 희망을 가지고 있었기 때문이죠.

미래에 대한 명확한 비전이 있으면 현재의 위치에 상관없이 항상 자신 있고 당당할 수 있습니다. 그 당당함에서 나오는 힘이 당신을 성공한 미래로 이끌 것입니다.

윌 스미스가 주연한 영화 <행복을 찾아서>가 이 크리스 가드너의 이야기를 바탕으로 한 것이라고 합니다.

25

경영의 기본은 모든 종업원이 어떻게 즐겁게 일할 수 있게 하느냐에 달려 있다.

- **호리바 마사오**(호리바제작소 전 회장) -

일본 최초의 학생 벤처기업으로서 일본에서 혁신의 대명사로 손꼽히는 호리바제작소의 창업자 호리바 마사오 회장은 독특한 철학을 가지고 있었습니다. 바로 사람들이 인생의 대부분을 보내는 회사를 마지못해 다니는 괴로운 곳으로 여겨서는, 개인의 인생도 불행하지만 그런 개인들이 모여 있는 회사도 불행하다는 것입니다.

그래서 그는 직원들이 회사에 오면 즐거운 마음으로 일할 수 있게 하는 데 집중했다고 합니다. 그 결과 자동차, 반도체, 의학, 환경 분야의 분석·계측 장비업계의 세계 1위로서 세계 최고의 기술을 바탕으로 전 세계 자동차 배기가스 계측기 시장의 85%를 차지하게 되었으며, 13개 계열사와 30여 곳의 세계 지사를 가진 대기업으로 성장할 수 있었습니다.

즐겁게 일하면 창의성이 발휘되고 일의 능률도 2~3배 이상 올라가 결국엔 회사의 매출이 늘고 직원의 월급도 오르게 되는 원리입니다. 다른 사람의 흥을 북돋울 줄 아는 사람, 그 사람이 바로 조직을 성공으로 이끌 리더입니다.

집중력과 창의력은 강제로 쥐어짠다고 해서 절대로 나오지 않습니다.

26

마음을 움직여야 열의가 생긴다. 그것이 감동이다.

- **서두칠**(한국전기초자 전 CEO)-

1997년 말 부채비율 1,114%, 차입금 3,480억 원에 600억 원의 적자, 노조 총파업에 따른 77일간의 공장폐쇄, 게다가 핵심기술과 원천기술 하나 없는 등 당장 퇴출당해야 마땅했으나, 겨우 3년 만인 2000년 말에는 부채비율 37%, 차입금 0원, 1,717억 원의 순이익이라는 놀라운 성과를 내며 환골탈태한 한국전기초자라는 기업이 있습니다. 어떻게 이런 일이 가능했을까요?

그 중심에는 서두칠 당시 CEO가 있습니다. 그는 회사의 생존계획과 미래비전 및 회사의 위기를 직원들이 공감할 수 있도록 대화를 거듭했고, 경영정보 완전공개를 시행했으며, 뼈를 깎는 고통을 내용으로 하는 회생방안을 발표함과 동시에 직접 솔선수범했습니다. 그 결과 직원들의 감동을 끌어낼 수 있었고, 회사는 3년 만에 우량기업으로 재탄생할 수 있었지요. 만일 서두칠 CEO가 일방적으로 명령만 내렸다면 직원들의 반감만 커져 결국 공멸했을 것입니다.

상대방의 마음을 움직이는 데 있어서 진실함보다 강한 무기는 없습니다. 솔직하게 회사의 상황을 공개하고 가식이 아닌 진심으로 솔선수범하는 모습을 보였던 그의 모습에서 이 시대의 진정한 리더의 모습을 볼 수 있습니다.

머리에서 나오는 책략보다 가슴에서 나오는 진실함이 핵심이군요.

27

나는 여전히 배우고 있다.

- **앤 멀케이**(제록스 전 CEO) -

앤 멀케이는 그 흔한 MBA 학위 하나 없이, 파산 일보 직전까지 갔던 제록스를 회생시켜 단번에 미국에서 가장 영향력 있는 여성 리더로 떠오른 인물입니다.

멀케이가 회장에 취임한 2000년 당시, 구조조정에 실패한 제록스는 부채에 허덕이며 저가 일본 복사기에도 밀리고 있었습니다. 사람들은 제록스가 복사기를 팔 때마다 고장 난 복사기를 수리하는 비용이 더 든다고 말할 정도였습니다. 그녀는 자신들을 믿지 못하는 직원들에게서 신뢰를 얻는 일부터 해 나갔습니다. CEO와의 대화 채널은 항상 열려 있었고 그녀는 90일 동안 비행기를 타고 전 세계 지사를 돌며 직원들과 고객의 의견을 들었습니다. 그 결과 멀케이 체제에서 제록스는 복사기 제조업체에서 종합문서 솔루션 회사로 거듭날 수 있었습니다. 멀케이 회장이 파산 직전에서 이루어 낸 성공은 '제록스의 기적'이라 불릴 정도입니다.

항상 배우는 자세로 모든 정보는 구성원과 공유하고 직접 발로 뛰는 겸손한 CEO의 미덕이, 무너져가는 거대 회사를 파산의 수렁에서 건져낸 것입니다.

성별과 경력의 제한도 열정을 이기지는 못합니다.

28

가장 많은 불편을 느낀 고객에게서 가장 많은 것을 배울 수 있다.

- **빌 게이츠**(마이크로소프트 창업자) -

인터넷을 사용하다가 에러가 났을 때 '오류보고 보냄'이라는 메시지가 뜨는 것을 누구나 한 번쯤은 경험했을 겁니다. 이것은 회사가 발전하는 데 있어서 고객들의 의견이 중요한 비중을 차지한다는 빌 게이츠의 신념이 담긴 시스템 가운데 하나입니다. 고객들 가운데서도 특히 제품을 사용하다가 불편을 느낀 고객들의 의견을 수렴하기 위한 노력의 일환이죠.

빌 게이츠는 경영일선에 있을 때 직원들도 MS의 제품을 사용하는 고객으로 생각하고 직원들과도 지속적으로 이메일로 소통했다고 합니다. 불평하는 고객 한 명을 소홀히 여기면 회사가 발전할 중요한 기회를 하나 놓치게 됩니다. 자신들의 부족한 부분을 지적해 주는 소중한 고객을 잃어버리는 결과겠지요. 그뿐 아니라 불평하는 고객이 늘어나는 것을 막지 못해 심각한 위기에 직면할 수도 있습니다. 댐에 난 작은 구멍이 결국에는 댐을 무너뜨리는 것처럼 말이죠.

MS가 인류의 삶에 막대한 영향을 끼치는 기업의 자리를 유지하는 데에는 기술력뿐만 아니라 경영자의 마인드가 큰 몫을 차지했음은 부인할 수 없는 사실입니다.

하지만 너무 잦은 '오류보고 보냄' 메시지는 짜증을 불러오기도 하죠.

29

위키피디아의 성공은 '협업' 덕분에 이루어졌다.

- **지미 웨일스**(위키피디아 창업자) -

우리에게는 위키백과로 더 유명한 위키피디아는 전통적인 종이 백과사전의 종말을 가져온 인터넷 백과사전입니다.

전 세계 누구든 위키백과를 검색하다가 오류를 발견하면 그 즉시 수정할 수 있는 시스템으로, 2023년 기준 영어판 660만여 개, 한국어판 635,853개를 비롯하여 300여 언어판을 합하면 전체 위키백과의 일반 문서 수는 5,500만 개를 넘으며, 한 달 순수 방문자 수는 약 17억 명이라고 합니다. 위키백과는 위키를 이용하여 전 세계 사람들이 함께 만들어 가는 웹 기반의 다언어 백과사전입니다. 누구나 정보를 올리고 수정에 참여할 수 있습니다. 바로 이 점이 재미로 시작한 위키피디아를 성공시킨 원동력이라고 합니다. 똑똑한 학자나 편집자 몇몇이 책임지는 종이 백과사전으로는, 인터넷 위키백과를 이겨낼 수 없는 상황이 된 것입니다.

하루가 다르게 변하고 있는 현대사회에서는 협업할 수 있는 사람이냐 아니냐가 인재 선정기준의 첫 번째가 되어가고 있습니다. 고독한 천재가 아닌, 협업을 잘하는 구성원이 되기 위해 노력해야 하는 이유입니다.

위키피디아는 여러 사람이 맘껏 수정하고 추가할 수 있는 '오픈백과'의 특성상, 간혹 잘못된 정보도 있답니다. 세상에 완벽이란 없는 것이니까요.

30

'활동적 타성'에서 벗어나야 한다.

- **도널드 설**(경영학자, 교수) -

미국의 경제잡지 〈포춘〉에서 비즈니스 분야의 대가로 선정된 하버드 비즈니스 스쿨의 도널드 설 교수가 한 말입니다. '활동적 타성'이란 시장 상황이 극적으로 변하는데도, 오히려 과거에 했던 활동들을 더 가속화하려고 하는 기업의 일반적 성향이라고 합니다.

예를 들어, 자동차를 타고 가다가 기찻길의 홈에 뒷바퀴가 빠졌는데 저 멀리서 기차가 다가오고 있다고 가정해 봅시다. 이때 운전자들 대부분이 홈에서 빠져나가려고 자동차의 가속 페달을 밟고 또 밟아 바퀴가 홈에 더 단단히 박히게 만듭니다. 이와 마찬가지로 기업들도 하던 방식에 더욱 집착하는 경우가 많다고 합니다. 그러면 결국 경쟁에서 밀려날 수밖에 없는데도 말이죠.

"우리는 이렇게 해서 성공했다"라는 사고방식이 하나의 원칙이 되는 순간 그 기업의 미래는 사라져 버립니다. 그 방식은 과거의 방식일 뿐, 현재와 미래에는 새로운 방식이 필요하니까요. 지금 이 순간에도 지구와 시간은 쉬지 않고 움직이고 있습니다. 그 움직임을 따라가려면 가지고 있는 생각부터 변화시켜야 합니다.

노키아와 대우가 활동적 타성의 대표적 기업이라고 합니다. 지금은 사라진 대우의 형편을 보면 노키아의 미래도 그리 밝지만은 않을 것 같네요.

31

능력의 차이는 아무리 커도 5배를 넘지 않지만 의식의 차이는 100배의 격차를 낳는다.

- **나가모리 시게노부**(일본전산 창업자이자 CEO) -

세계 최고의 종합구동 기술을 자랑하는 모터 그룹인 일본전산은 처음만 해도 1973년 사장을 포함한 단 4명이 3평짜리 시골 창고에서 시작한 회사였습니다. 이후 '모터'라는 단 하나의 키워드에 집중하여 일류기업이 되었고, 2022년 기준 매출 약 20조 원에 직원 13만여 명을 거느린 막강한 기업으로 성장했습니다.

그런데 이 회사는 독특한 입사시험으로 더 유명합니다. 나가모리 CEO는 미래의 잠재능력이 큰 사람을 뽑겠다는 방편으로, 학력과 상관없이 목소리 크고, 밥 빨리 먹는 사람을 채용하였고, 그렇게 채용된 사람들이 오늘날의 일본전산을 만든 것이지요. 현재의 능력이 뛰어난 사람보다는, 배우려는 자세와 의욕이 넘치는 사람이 회사가 필요로 하는 인재로 성장하고 회사도 성장시킨 것입니다.

능력이 뛰어난 한 사람이 100보를 전진하는 것보다 평범한 100사람이 다 함께 1보씩 전진하는 것이 더 낫다는 것이죠. 현재의 당신 모습이 마음에 들지 않더라도 당신이 지닌 건전한 생각이 당신의 미래를 바꿔놓을 것이라는 사실을 믿으십시오.

일본전산의 3대 행동지침은 즉시 한다(Do it now), 반드시 한다(Do it without fail), 될 때까지 한다(Do it until completed)라고 합니다.

32

시각의 차이가 미래경쟁력을 결정한다.

- **이병훈**(유니베라 회장) -

세계 알로에 원료시장의 50%를 석권하고 세계 최고의 알로에 전문기업으로 우뚝 선 유니베라(구 남양알로에)의 성공에는 이병훈 회장의 열정과 도전정신이 있었습니다.

우연한 기회에 알로에 사랑에 빠진 그는 이야기로만 전해지던 알로에의 효능을 과학적으로 입증하기 위해 연구에 매진해서 그 근거를 밝혀냈습니다. 또 단순한 농작물로 인식되던 알로에를 2차, 3차 산업과 결부시켜 다양한 제품으로 개발하면 천 배 이상의 가치가 발생한다고 판단하여 곧바로 연구에 투자하여 제약, 식품, 화장품 등 새로운 부가가치를 창출하는 데 성공했습니다. 알로에를 통해 인류의 삶의 질을 변화시킬 수 있다는 사실을 알고, 그 일을 자신의 꿈과 비전으로 삼은 이병훈 회장은 '자연의 혜택을 인류에게'라는 슬로건을 내걸고 여전히 알로에를 비롯한 천연물 연구·개발에 여념이 없습니다.

세상엔 아직도 인류가 미처 찾지 못한 많은 기회가 존재할지 모릅니다. 하지만 자명한 것은 그 기회들이 새로운 시각으로 보는 사람의 차지가 될 것이라는 사실입니다.

사람도 마찬가지죠. 보는 관점에 따라 달리 보입니다.

33

직원들을 존중하고 배려하면 직원들도 관심과 존경, 보살핌의 정신으로 고객과 함께할 것이다.

- **허브 켈러허**(사우스웨스트 항공 전 CEO) -

사우스웨스트 항공의 전 CEO 허브 켈러허의 경영 목표는 직원들이 가족을 충분히 부양할 수 있을 만큼 안정된 일터를 제공하는 것이라고 합니다. 직원을 왕으로 모시는 사우스웨스트 항공만의 독특한 기업문화를 만들어 낸 것이죠.

사우스웨스트 항공은 창사 이래 걸프전, 9·11 사태 등으로 회사가 힘들었을 때도 한 번도 정리해고를 하지 않았습니다. 그래서일까요? 이 회사는 급여 수준이 항공업계 평균에 못 미치는 데도 창사 이래 단 한 번의 노사분규도 없었으며, 일하고 싶은 기업 및 세계에서 가장 존경받는 CEO와 기업으로 손꼽히고 있습니다.

직원들은 당연히 항상 즐겁게 일하며 진심이 담긴 마음으로 고객을 대하고 있습니다. 그리고 그 힘은 사우스웨스트 항공이 이익을 내기 시작한 1973년 이후 허브 켈러허가 사망한 2019년까지, 계속해서 흑자를 기록하는 등 놀라운 실적으로 연결되고 있습니다.

당신이 알고 있는 주변의 모든 사람을 존중하고 배려해 보세요. 주변에 항상 즐거운 일만 가득 차게 될 것입니다.

경영은 머리가 아니라 가슴으로 하는 것이었네요.

34

제가 독특한 작품들을 쓸 수 있었던 이유는 사람들의 무관심과 평가를 두려워하지 않았기 때문입니다.

- **베르나르 베르베르**(프랑스 작가) -

상상력, 창의적인 문학작품의 대명사 『개미』를 쓴 베르나르 베르베르가 그처럼 독특한 작품을 쓸 수 있었던 이유를 설명하면서 한 말입니다.

독창적인 것, 새로운 것을 선도하는 사람들 대부분은 동시대 사람들의 무시와 멸시를 받게 됩니다. 이때 사람들이 알아주지 않을 것을 걱정하거나 두려워하는 순간, 상상력과 창의력은 공기 중으로 사라지고 맙니다. 또 실패를 두려워해도 같은 결과가 초래됩니다. 스스로 포기하기 전까지 실패란 없으며, 모든 성공은 실패의 연속선상에 있는 것임을 기억해야 합니다.

창조와 도전은 하나입니다. 도전 없이는 창조도 성공도 이루지 못하죠. 기업의 경영도 마찬가지입니다. 끊임없는 도전만이 변화 속에서 생존하도록 해주며, 새로운 창조를 이룩할 수 있습니다. 창조경영은 새로운 시도를 두려워하지 않는 것에서부터 시작됩니다.

개미와 인간 모두 과학적인 분업을 해가며 발전해 왔고, 인간의 언어처럼 개미도 그들만의 독특한 통신 방식을 가지고 있다고 합니다.

35

잘나가고 있을 때 다음을 대비하지 않으면 회사는 곧 동력을 잃게 된다.

- **문규영**(아주그룹 회장) -

1960년에 콘크리트 전주 공장을 시작으로 레미콘, 아스콘 등 건자재사업을 기반으로 하던 아주그룹은 '미다스의 손'으로 불리는 문규영 사장이 취임하면서부터 오토금융, 관광레저, 호텔, 물류 등 다양한 사업 분야로 진출하기 시작했습니다.

그리고 이후 손대는 사업마다 성공을 거두며, 12개의 계열사를 거느린 중견그룹이 되었습니다. 얼핏 보면 문규영 사장이 다양한 분야로 사업을 확대한 것처럼 보이지만 모두 꼬리에 꼬리를 무는 방식으로 하던 분야의 응용화를 통해 진출한 사업들입니다.

응용은 변화와 혁신입니다. 응용이 없이는 머지않아 사업에 한계를 맞이하게 됩니다. 단순히 문어발식으로 확장하는 것과 하던 사업을 응용하여 관련 사업으로 진출하는 것은, 그 전문성에서 차이가 납니다. 지금 하는 일이 호황이라고 안주하지 말고 호황일 때 응용을 시도하여 새로운 기회를 창출해야 미래에도 멈추지 않고 달릴 수 있습니다.

꼬리에 꼬리를 무는 학습법도 유행이던데 경영도 그렇군요.

36

어느 시대든 반드시 틈새가 있다.

- **혼다 소이치로**(혼다 창업자) -

오늘날의 세계적인 자동차 기업 혼다가 작은 자전거 수리점에서 시작된 것은 유명한 일화입니다. 자전거 수리점을 운영하던 혼다 소이치로는 전후(戰後) 군에서 얻은 작은 발동기를 자전거에 붙여 전동자전거를 만들어 낸 것을 시작으로 혼다 기업을 세웠죠.

그런데 혼다 소이치로 회장에게는 열심히 일하지 않는 아들이 있었습니다. 하루는 그가 아들을 불러서 훈계하자 아들이 변명하듯 말했습니다.

"전쟁 후 아무것도 없던 아버지 시대에는 기회가 많았지만 모든 것이 갖춰진 지금은 할 게 없습니다."

이에 혼다 회장이 대답한 말이 바로 위에 인용한 말입니다.

인류 역사를 통틀어 모든 것이 갖춰진 시대는 지금까지 단 한 번도 없었습니다. 지금 이 순간도 마찬가지입니다. 세상을 보는 당신의 관점과 정신 자세에 따라, 새로움을 창조할 수 있는 기회를 볼 수도 있고 보지 못할 수도 있습니다.

바로 지금 이 순간도 누군가는 세상을 진화시킬 기회를 보고 있습니다.

37

정면으로 승부하자.
단 뭐든 죽기 살기로 하고, 전략을 세우고,
마지막으로 하늘의 때를 기다리자.

- **심동철**(춘천옥 할매김치 CEO) -

'김치 사오론(死五論)'이라는 말이 있습니다. 싱싱한 배추가 곰삭아 발효된 김치로 변하기 위해서는 최소한 다섯 번은 죽어야 한다는 뜻이죠. 씨앗일 때부터 뿌리박고 있던 땅에서 뽑힐 때 한 번 죽고, 알차던 몸이 배를 갈리며 두 번 죽고, 싱그런 생명력이 소금에 절여지며 또 죽고, 고춧가루와 마늘 등의 양념에 무쳐서 또 죽고, 마지막으로 컴컴한 땅속에 묻혀 죽어야 비로소 맛깔나는 김치가 된다는 것입니다.

인터넷으로 김치를 파는 디지털 김치장수 심동철 CEO가 남긴 말입니다. 힐튼호텔 지배인으로 일했던 그는 사업에 여러 번 실패한 뒤, 인터넷 주문식 김치를 파는 사업으로 재기에 성공했습니다.

많은 사람이 인생에서 크고 작은 좌절을 겪습니다. 길고 긴 발효 시간을 거쳐야 비로소 맛깔나는 묵은 김치가 되어 밥상에 오를 수 있듯, 인생 발효에도 시간이 걸린다는 점을 잊지 마세요.

대부분 힘든 일을 겪고 나면 "거의 죽을 뻔했다"라거나 "반 죽었다"라는 말을 하는데 배추에 비하면 아무것도 아니네요.

38

리더에게 요구되는 지적 능력은 현상을 정확하게 파악한 후의 '문제해결 능력'이다.

- **시오노 나나미**(일본 작가) -

예전에 러시아의 모스크바에서는 택시를 타려는 손님들이 택시를 이용하지 못해 쩔쩔매는 일이 많았습니다. 일을 열심히 하든 게으름을 피우든 모두 똑같은 급여를 받았기 때문에 벌어진 현상이었죠. 택시 기사들이 한적한 곳에 차를 세우고 낮잠을 자거나 쉬는 모습을 어렵지 않게 찾아볼 수 있었습니다.

그러자 나라에서는 주행거리에 따라 급여를 주겠다고 제도를 바꾸었습니다. 이번에는 손님은 태우지도 않고 빈 차로 달리는 택시들로 도로가 붐비는 현상이 생겼습니다. 정책을 결정하는 리더가 사람들의 마음을 전혀 헤아리지 못한 데서 오는 필연적인 결과들인 것이죠.

관리와 통제능력은 결코 리더의 덕목이 될 수 없습니다. 사람의 마음을 헤아리고 스스로 즐거워서 움직이도록 동기유발을 잘 시키는 사람이 진정한 리더일 것입니다. 사람은 관리되거나 통제되는 존재가 아니니까요.

"지도자는 길을 알고, 길을 가고, 길을 제시하는 사람"이라는 최고의 리더십 전문가이자 베스트셀러 작가인 존 C. 맥스웰의 말이 떠오릅니다.

39

내가 현명하지 못해 다가오는 변화를 못 본다면 내가 고용한 그들이 그 변화를 유연하게 다루게 될 걸세.

- **딕 쿨리**(웰스파고은행 전 CEO) -

"사람을 얻는 자가 천하를 얻는다."라는 말이 있습니다. 인사가 곧 만사라는 뜻이죠. 개각 때마다 열리는 국회의 인사청문회를 보면서 더욱 공감하는 말이기도 합니다.

미국의 웰스파고은행의 전 CEO 딕 쿨리는 언젠가는 미국 금융계가 혹독한 변화를 겪을 날이 오리라고 생각했습니다. 그리고 그는 그 예측 불가능한 변화에 대비한 전략을 짜는 대신 사람을 모으는 일에 주력하기로 했습니다. 그는 언제 어디서든 뛰어난 인재다 싶으면 직무는 염두에 두지도 않고 무조건 채용했죠. 이를 두고 주변에서 의견이 분분하자 딕 쿨리는 위처럼 말했습니다.

덕분에 웰스파고은행은 이후 변화의 바람이 불어닥친 금융시장에서 가장 잘 대처한 은행으로 평가받고 있으며, 현재 미국의 4대 은행 중 하나로 성장했습니다.

다가올 미래의 변화에 능동적으로 대처할 수 있는 능력은 결국 사람에게서 나온다는 것을 알고 있었던 것이죠. 답은 사람입니다.

아날로그 시대에서 디지털 시대로. 그리고 이제는 스마트폰 시대로…. 이 역시 미처 상상하지 못했던 미래가 아닌가요?

40

모든 직원은 동료들의 잠재력을 최대한 계발할 수 있도록 도와줄 책임이 있다.

- **조지 짐머**(멘스웨어하우스 회장) -

1990년대 중반 이후 미국에서의 의류산업은 사양산업 또는 레드오션의 대표적인 분야가 돼버렸습니다. 이런 상황 속에서도 고성장을 지속하며 당시 미국 내 600여 점포에 연 매출 8억 달러가 넘는 성과를 달성한 기업이 있었습니다. 바로 조지 짐머 회장이 창업한 '멘스웨어하우스'입니다.

이 회사의 성공비결로는 '팀워크 중시'와 '직원 최우선'을 들 수 있습니다. 즉, 스타 직원보다는 팀이 중요하고, 제품보다는 직원이 회사의 성패를 좌우한다는 독특한 경영방침이 이 회사의 성공비결인 셈이지요. 멘스웨어하우스는 소매업에 종사하는 평범한 인재를 채용해 그들의 기대 수준보다 훨씬 좋은 기회를 제공함으로써 높은 애사심과 헌신을 끌어내고 이를 고성과로 연결시켰습니다.

'인재보다는 애사심과 헌신할 줄 아는 직원이 기업을 성공으로 이끈다'라는 단순하나 핵심적인 이념이 레드오션에 빠진 기업을 성공으로 이끌고 있는 힘인 것입니다.

직원의 마음도 얻지 못하는 기업이 어찌 고객의 마음을 얻을 수 있을까요?

41

소비자의 구매 결정은 거의 언제나 뇌에서 무의식적으로, 감정적으로 이루어진다.

- **한스-게오르크 호이젤**(독일 경제학자) -

사람이 호랑이를 만나면 왜 겁을 먹고 도망을 가게 될까요? 이는 호랑이라는 브랜드 자체에 공포라는 감정으로 반응해서 도망가는 것이지, 이성적으로 분석하고 행동하는 것이 아니라고 합니다. 이와 같이 사람에게서는 감정적인 반응이 이성적인 반응을 앞선다고 합니다. 그런데 기업들의 마케팅 전략은 소비자를 이성적 존재로 인식하고 있기 때문에 소비자 조사가 큰 효과를 발휘하지 못하는 경우가 종종 생기는 것이라고 합니다. 즉, 소비자에게 기업이나 제품의 브랜드 이미지가 어떤 감정으로 자리 잡고 있느냐에 따라서 소비자의 반응이 달라진다는 것이죠.

예를 들면 펩시콜라와 코카콜라, 던킨도너츠와 크리스피크림, 애플과 갤럭시 등의 소비자들이 단순 소비자에서 팬이나 지지자로까지 되어 소비자끼리 라이벌 구도를 형성하고 감정대립을 하는 현상들이 실제 있습니다.

당신의 브랜드 이미지는 어떤가요? 다른 사람들에게 어떤 감정을 불러일으키는지 곰곰이 생각해 보세요.

사람에 대한 이미지도 한번 결정되면 바꾸기 어렵죠.

42

어느 시대든 조직은 젊어져야 한다. 젊게 해야 한다.

- **이건희**(삼성그룹 전 회장) -

최근 일부 학자들이 조선이 망한 이유로 두 가지를 들고 있습니다. 바로 '과거제도'와 '정년이 없는 관직제도'입니다.

획일화된 평가제도였던 '과거제도' 때문에 조정이 획일적인 집단이 될 수밖에 없었고, 관료들의 정년퇴직이 없었던 것이 조정 중신들의 노령화로 이어지며 시대의 변화를 따라잡지 못해 결국 도태되고 말았다는 것이죠.

오늘날의 기업도 마찬가지입니다. 삼성의 이건희 회장도 연말 인사에 대한 구상을 묻는 기자들의 질문에 위와 같이 말한 바 있습니다.

경제는 생물입니다. 살아 움직이는 경제의 흐름을 놓치지 않으려면 변화하는 시대에 맞춘 변신이 있어야 합니다. 과거의 영광에 취해 안주하는 순간 그 기업이 도태되는 것은 시간문제겠죠.

생물학적 연령이 아닌 정신을 끊임없이 젊게 유지하는 것이, 변화하는 시대 속에서도 살아남는 길을 제시해 줄 것입니다.

60은 소년, 70은 청년, 80은 중년이라는 어느 CF의 카피가 떠오르네요. 평균 수명 100세가 눈앞에 다가온 지금, 끊임없는 자기 쇄신이 필요합니다.

43

아직 2시간이나 남아 있다.

- **마쓰시타 고노스케**(파나소닉 창업자) -

일본인이 가장 존경하는 기업인으로 꼽는 마쓰시타 고노스케는 오늘날 세계 일류 기업인들이 멘토로 삼는 인물입니다.

그가 설립한 마쓰시타 전기(현 파나소닉)에서는 매월 말일이 되면 각 사업부장들이 직접 전화를 걸어 영업실적을 보고해야 했습니다. 한 사업부장이 월말까지 목표 달성에 실패하자, 그날 밤 10시에 고노스케에게 전화를 했습니다.

"죄송합니다. 목표를 달성하지 못했습니다."

그러자 마쓰시타 고노스케는 위와 같이 대답했다고 합니다.

이처럼 보통 사람이라면 포기하는 게 당연하다고 여기는 시점에서도 그는 결코 포기하지 않았습니다. 그리고 마지막의 마지막까지 있는 힘을 다해 노력했습니다. 이런 점이 바로 마쓰시타 고노스케를 성공으로 이끈 원동력이 되었습니다.

포기할 줄 모르는 집념, 젖 먹던 힘까지 쥐어짜 내는 부단한 노력. 이 두 가지야말로 모든 이에게 성공으로 가는 지름길이 되지 않을까요?

경영의 신이라고 불리는 마쓰시타 고노스케조차도 노력에 노력을 거듭했는데 하물며 우리는 어떨지요.

44

우리 회사 자산의 95%는 5시에 퇴근한다. 나의 일은 다음 날 아침 이들이 회사로 돌아오도록 좋은 근무환경을 만드는 일이다.

- **짐 굿나이트**(SAS 인스티튜트 창업자이자 CEO) -

최고 연봉이나 스톡옵션도 안 주고 비상장회사에 노조도 없지만, 미 경제지 〈포춘〉 선정 '세계에서 가장 일하기 좋은 100대 기업' 리스트에 꾸준히 이름을 올리는 기업이 있습니다. 바로 비즈니스 분석 소프트웨어를 개발하는 회사 SAS 인스티튜트입니다. 2021년에는 GPW가 발표한 '세계에서 가장 일하기 좋은 기술 기업'과 '밀레니얼 세대가 뽑은 일하기 좋은 기업' 리스트에 선정되기도 했죠.

SAS의 창업자이자 CEO 짐 굿나이트는 "행복하고 건강한 직원이 생산성도 높다"라는 경영철학을 바탕으로, 직원들에게 복지천국이라 불릴 정도로 파격적인 복지와 고용 안정성을 제공했습니다. 이는 자연히 직원들의 낮은 이직률과 높은 충성도로 이어졌고, 낮은 이직률은 고객과의 장기적 관계와 기업의 노하우 보존, 채용 및 교육비용의 절감 등의 부수적 효과까지 양산해내며 2020년 기준 45년 연속 매출 증가라는 놀라운 실적으로 이어지고 있습니다.

인재 확보가 기업의 성패로 연결되는 현 상황에서 짐 굿나이트의 철학이야말로, 기업이 나아가야 할 방향을 제시해 주고 있습니다.

직원들의 노동력을 빼앗으려 하지 말고 마음을 빼앗아 보십시오.

45

엔터프라이즈의 목표는 이윤을 창출하며, 그 과정 속에서 즐거움을 찾는 것이다.

- **빌 고어**(W. L. Gore & Associates 창업자) -

켈의 법칙(Kel's Law)에 의하면 권위주의적인 조직일수록 구성원과 관리자, 임원, 최고경영자 등과의 관계에서 직급이 한 단계씩 멀어질 때마다 심리적 거리감은 제곱으로 커지고, 직급 간에 두터운 벽이 존재하게 되며, 이 심리적 거리감 때문에 구성원들은 탁월한 재능과 능력이 있는데도 자신의 의견을 제대로 말할 수 없어 자연스레 위축되고 만다고 합니다.

최고경영자부터 하부구성원까지 모두는 같은 목표로 상호협력해야 하는 운명입니다. 심리적 거리감 때문에 친밀도가 떨어지고 상호협력이 원활하지 못하면 결국 업무수행도가 떨어질 수밖에 없게 됩니다. 고어텍스로 유명한 W. L. Gore & Associates가 회사 내 직급을 없애고 운영하면서도 높은 업무성과를 보이는 것도 이와 무관하지 않을 것입니다.

권위주의적인 문화에서는 즐겁고 창의적인 조직 문화는 포기해야 할 것입니다. 조직의 목적은 겉으로 일사불란해 보이는 모습에 있는 것이 아니라 내실 있는 성과에 있죠. 주객이 전도되는 상황이 벌어지지 않도록 리더는 항상 되돌아봐야 할 것입니다.

가족이든 기업이든 구성원 간의 친밀감이 중요하죠.

46

아이디어를 개발하는 데 100명의 직원을 둘 필요는 없다.

- **래리 페이지**(구글 공동창업자) -

세상을 이끌어 나가고 발전시켜 나가는 사람들을 살펴보면, 이미 남이 하고 있는 분야에서 기술적으로 더 높아진 경우보다는 세상에 없던 도구들을 창안해 내어 인류의 삶의 방식을 바꿔놓은 경우가 더 많습니다. 아마도 미래 사회에서는 그 비율이 더 높아질 것입니다.

구글을 창업한 래리 페이지는 그런 결정적인 아이디어는 단순히 많은 사람이 모여 있다고 해서 나오는 것이 아니라고 강조합니다.

MS도 애플도 친구 두 명이 모여 시작했고 구글도 직원 네 명으로 시작했죠. 단 두 명이 모이더라도 어떤 생각을 하고 있는가와 그 생각에 대한 도전을 두려워하느냐, 확신을 가지고 즐기느냐가 관건인 것입니다.

머리에 떠오른 상상을 외부로 드러내 보이는 것을 부끄러워하거나 두려워하지 마세요. 그래서는 결코 세상을 바꿀 아이디어가 탄생할 수 없습니다. 무엇이든 자유롭게 상상하고 도전하세요. 당신도 세상을 바꿀 주인공이 될 수 있습니다.

상상에는 비용도 나이도 학벌도 필요 없습니다. 마음껏 도전하십시오.

47

한 사람의 행동은 그 사람의 생각을 설명해 주는 가장 좋은 바로미터다.

- **존 로크**(영국 철학자) -

날아가는 총알을 손으로 잡았다고 하면 믿을 수 있을까요?

이런 일이 실제로 있었습니다. 제2차 세계대전 당시 프랑스의 한 파일럿이 비행 중이었습니다. 그런데 옆에서 벌레 같은 것이 날고 있어서 잡았더니 총알이었다고 합니다. 발사된 총알이 점점 힘을 잃고 비행기와 비슷한 속도로 날고 있었기 때문에 파일럿의 눈에는 전혀 빠르게 보이지 않은 것입니다.

날고 있지 않은 파일럿이 총알을 잡는 것은 불가능한 일이지만, 날고 있는 파일럿에게는 힘들이지 않고 손쉽게 할 수 있는 일인 것입니다.

세상의 이치도 이와 마찬가지입니다. 내가 어떤 상태인지에 따라 불가능한 일이 평범한 일이 될 수도 있고, 평범한 일이 불가능한 일이 될 수도 있습니다. 당신의 생각과 행동이 모든 문제의 시작이자 해결책이 될 수 있습니다.

내가 어떻게 생각하고 어떻게 행동하느냐에 따라 심각한 문제일 수도 있고 별일 아닐 수도 있다는 이야기이지요.

48

모든 사람은 사회적 변화를 이끌 수 있는 힘을 가지고 있다.

- **피에르 오미디야르**(이베이 공동창업자) -

1980년대 여피족, 1990년대 보보스족이 과거의 젊은 엘리트들을 대표했다면 2000년대 들어서는 욘족이 엘리트 부자들의 상징으로 일컬어지고 있습니다. 욘(YAWN)은 'Young And Wealthy but Normal'의 약자로, 젊고 대단한 부자이지만 평범한 삶을 사는 엘리트 집단을 가리킵니다. 여피족, 보보스족은 천만장자 수준의 부로 호화생활을 즐기지만, 욘족은 자신의 능력으로 일군 억만장자이면서도 자선사업에 적극적이며 검소한 생활 스타일에 가족과의 시간을 소중히 여기는 평범하면서도 모범적인 삶을 살고 있습니다. 빌 게이츠, 제리 양, 피에르 오미디야르, 필립 버버 등이 대표적인 사람들로 꼽히고 있죠.

부를 사치나 과시의 도구로나 여기며 사는 부자들은 행복하지도 않을뿐더러 타인의 조롱거리나 비난의 대상이 되는 경우가 많지만, 젊고 지성을 갖춘 부자들은 올바르게 부를 활용함으로써 세인들의 존경과 자신의 행복까지 추구하고 있는 것입니다.

명심하세요. 부의 축적은 성공과 행복의 종착점이 아닙니다.

재밌게도 남성 패션잡지인 <GQ>가 선정한 실리콘밸리 워스트 드레서 1위에 마크 저커버그, 2위는 스티브 잡스, 3위는 빌 게이츠가 선정됐다고 합니다.

49

빈대도 머리를 쓰는데 하물며 사람이야….

- **정주영**(현대그룹 창업자) -

부두 노동자로 일하던 한 가출 소년이 있었습니다.

이 소년이 머물던 노동자 합숙소에는 빈대가 너무나 많아서 매일 밤 잠드는 게 고통이었습니다. 참다못한 소년은 밥상 위로 올라가 잠을 청했습니다. 그러나 빈대들은 상다리를 타고 올라와 또 물어뜯었습니다.

소년은 이번에는 상다리를 물이 담긴 그릇에 넣은 뒤 누웠습니다. 그런데 놀랍게도 빈대들은 밥상이 아닌 벽을 타고 천장으로 올라간 다음 사람을 목표로 누워 있는 소년을 향하여 뛰어내렸습니다.

이 모습을 본 소년은 감탄하며 교훈을 얻었습니다.

"빈대도 목표를 이루기 위해 머리를 쓰고 갖은 애를 써서 뜻을 이루는데, 하물며 사람이 머리를 써서 온 힘을 다하면 못 이룰 일이 없겠구나."

그 뒤로 이 소년은 기발한 생각과 불굴의 의지로 남들이 불가능하다고 하는 수많은 어려움을 극복해 내고, 마침내 대한민국 최고의 경영인이 되었습니다. 이 소년의 이름은 현대그룹의 고 정주영 회장입니다.

인간의 뇌는 쓰면 쓸수록 발전할 수 있다고 합니다. 여러분의 한계는 어디까지인가요?

50

평범한 다수가 탁월한 소수보다 현명하다.

- **제임스 서로위키**(미국 경영 칼럼니스트) -

세계가 빠르게 하나의 시장이 되어가고 있고 인류사에 획을 그을 만한 새로운 도구들이 속속 등장하고 있습니다. 이렇게 급변하는 환경에서 국가와 기업 등 모든 조직은 내부의 소수 전문가 집단만으로는 경쟁력을 확보하기가 어려워지고 있습니다. 이러한 시대적 조류 속에서 크게 부각되고 있는 것이 바로 집단지성입니다.

집단지성이란 조직 내외부의 다양한 개체들이 협력과 경쟁하는 과정에서 얻는 조직의 지적 능력을 말합니다. 이 집단지성은 인간사회 어디에서나 그 위력이 입증되고 있고 개미 등 동식물의 세계에서도 흔히 볼 수 있습니다. 이미 많은 글로벌 기업이 기획과 개발, 홍보 등 대부분의 활동에 집단지성을 활용하고 있으며 공모전이 그 한 예입니다. 즉, 다양한 사고와 정보를 가진 개개인의 의견을 한군데로 집결시킴으로써 최선의 결과를 도출해 내겠다는 것이죠.

집단지성의 개념에서는 조직 내 전 직원부터 고객과 경쟁업체에 이르기까지 모두를 훌륭한 협력자로 인식하고 자가발전을 도모합니다. 이제는 한 명의 천재가 만 명을 먹여 살리는 시대가 아님을 인정해야 하지 않을까요.

어제의 적을 오늘의 동지로 여길 수 있어야 하겠군요.

51

나는 직원들을 만날 때마다 그들이 가슴에 '나는 존중받고 싶다'라는 목걸이를 차고 있다고 생각하고 대한다.

- **메리케이 애시**(메리케이 창업자) -

한 여성 기업인이 대통령 주재 백악관 만찬에 초대받았습니다. 하지만 그녀는 비서에게 정중하게 거절하라고 지시했습니다. "일생에 한 번 올까 말까 한 기회인데 정말 거절하시려고요?" 놀란 비서의 물음에 사장이 답했습니다. "나는 오늘 신입사원들과 만나기로 되어 있어요. 그걸 잊지는 않았겠지요?" 사업차 워싱턴에 있던 그녀는 백악관을 뒤로하고 댈러스로 향했습니다.

이 여성 기업인은 35개국에 200만 명 이상의 직원을 보유하고 있는 세계적인 화장품 회사 메리케이를 창업한 메리케이 애시입니다.

이런 소식을 접한 신입사원들은 기분이 어땠을까요? 아마 자신들이 존중받고 있다고 느꼈을 겁니다. 그리고 그런 감동이 그들의 리더와 회사에 대한 깊은 애착으로 연결되었을 것은 더 말할 것도 없겠죠. 직원들을 소중히 여기고 감동을 선사할 줄 아는 그녀의 마음이 자본금 5,000달러의 조그만 화장품 회사를 세계적인 회사로 탈바꿈시킬 수 있던 힘일 것입니다.

그나저나 정치권의 치졸한 보복은 없었나 모르겠네요. 우리나라라면 어떻게 되었을까요?

52

임직원의 소리에 귀 기울이고 고객을 성심성의껏 대하며 매장 주변 지역사회의 필요사항을 만족시키는 자세 덕분에 성공했다.

- **리 스콧**(월마트 전 CEO) -

월마트에 화물운송기사로 입사해서 CEO가 된 리 스콧. 그는 모든 사람을 존중하고 배려하는 것으로 유명한데, 특히 직원을 고용인이 아닌 동료로 대하는 것으로 유명합니다.

"CEO가 되었을 때 사실 크게 기쁘지 않았습니다. 전에는 큰 기대 없이 이런저런 제안을 했지만, 이제는 그런 말도 명령으로 받아들여질 수 있다는 것을 아니까요. 더 똑똑해진 것도 통찰력이 더 많아진 것도 아닌데 권력은 더 커진 셈이죠. 그래서 내 입에서 나가는 말 한마디에도 조심할 수밖에 없습니다. 잘못하면 의논이 아니라 명령이 될 수 있으니까요."

리 스콧의 사람을 대하는 이러한 철학이 월마트를 2021년 기준 5천억 달러가 넘는 매출액과 1만여 개의 오프라인 매장을 갖춘 세계 최대 소매판매 회사로 만드는 데 중요한 역할을 했을 것입니다.

꼭 경영자가 아니어도 타인을 존중하는 태도로 사는 사람의 영향력이 나날이 커진다는 것은 인간관계의 상식이죠.

알고 보면 간단한 이치인데 현실에서 쉽게 찾아보기 힘든 게 안타깝습니다.

53

내가 되고 싶은 사람은 바로 '나'이다.

- **마거릿 조**(한국계 미국 배우) -

날씬하지도 예쁘지도 않고, 고등학교에서는 전 과목에서 낙제해 퇴학당한 한국계 미국인 여성이 있습니다. 코미디언이 꿈이던 그는 25세이던 1994년, 방송 사상 최초로 아시아계 미국인 가족의 이야기를 다룬 ABC 방송 시트콤에 주연으로 캐스팅되었으나 쓰디쓴 실패를 맛봐야 했습니다. 술과 마약에 빠져 미래가 없는 생활을 하던 그가 슬럼프를 헤쳐 나올 수 있게 도와준 것은, 누구의 '역할'을 하는 것이 아니라 바로 '자신'이 되어야 한다는 깨달음이었습니다.

그는 1999년 자전적 코미디쇼 〈내가 되고 싶은 사람은 바로 나〉로 브로드웨이에 복귀한 뒤 꾸준히 노력하여, 2010년 5월에는 아시아계 미국인 최대의 포털사이트에서 '역사상 가장 영감을 주는 아시아계 미국인' 61위로 선정되며 재기에 성공했습니다. 워싱턴포스트는 마거릿 조를 "누구든 한 번쯤 아웃사이더라고 느꼈던 이들의 수호성인"이라고 평가했습니다. 그 자신도 주류 사회의 승인에는 관심 없다고 말합니다.

있는 그대로의 자신을 사랑하며 남들과 다른 길을 당당하게 걸어가는 그의 발걸음에 힘찬 박수를 보냅니다.

행복의 조건은 외부의 인정이 아니라 스스로의 인정에 있습니다.

54

기업가의 비전은 기존 제품을 더 좋고 더 싸게 하기보다는 기존에 없는 새 비즈니스 모델이나 새 제품을 만드는 'New New Thing'에 초점을 맞춰야 한다.

- **비노드 코슬라**(코슬라 벤처스 창업자이자 CEO) -

선 마이크로시스템즈의 공동창업자이자 코슬라 벤처스의 CEO인 비노드 코슬라는 수많은 IT기업을 발굴해내며 '하이테크 산업의 의사결정권자'로 불리기도 했습니다. 또한 미 경제잡지 포브스는 그를 가리켜 "만지는 모든 것을 황금으로 변하게 만드는 사나이"라고 칭하기도 했습니다.

이런 그가 신재생에너지, 청정기술 등 환경기업 지원을 위한 11억 달러 규모의 그린펀드를 조성했습니다. 이후 '미스터 그린'으로도 불리는 그는 환경기업에 투자하는 이유를 이렇게 말합니다.

"신재생에너지와 청정기술이야말로 미래를 밝게 해 줄 '새롭고, 새로운 것(New New Thing)'이 될 것이며 이는 지난날의 인터넷 혁명을 훌쩍 뛰어넘을 것이다."

지구와 인류의 변화를 외면하고서는 그 어떤 경영전략도 탁상공론에 그치기 쉽습니다. 또한 환경문제와 에너지 고갈이라는 위기를 극복하는 과정에서 절호의 기회를 찾을 수도 있습니다.

올 한 해 당신에게 '새롭고도 새로운 것'은 무엇인가요?

55

회사는 생명체라서 끊임없이 변해야 한다. 방법도, 초점도, 가치도 변해야 한다. 그러한 변화들의 총합이 바로 변혁이다.

- **앤디 그로브**(인텔 전 CEO) -

인텔의 성공신화를 이끌며 전설적인 CEO로 평가받는 앤디 그로브 하면 너무나 많은 것이 떠오르지만 '인텔 인사이드'를 빼놓을 수 없습니다. 사람들이 PC의 브랜드는 알아도 그 안에 들어가는 CPU 등 부품의 제조사까지는 신경 쓰지 않던 시절에 인텔은 PC 제조업체에 일정액을 보상해 주면서까지 PC 외부에 'intel inside'라는 로고를 부착해 판매하도록 했습니다. 이후 사람들은 '386', '486', '펜티엄' 등 PC 속 CPU의 차이를 인식하기 시작했습니다.

보통 부품업체들은 완성품 제조업체의 영향력 아래에 놓이게 마련인데, 앤디 그로브는 이러한 상황을 바꾸기 위해 '인텔 인사이드' 전략을 시도했고 그 시도는 대성공하며 소비자들이 인텔의 CPU를 장착한 PC를 찾기 시작한 것입니다. 즉, 부품이 완성품의 가치를 좌우하게 된 것이죠.

세상에 바꿀 수 없는 상황이란 없습니다. 아무리 바뀌지 않을 것 같은 상황도 작은 시도와 변화를 통해 바뀔 수 있음을 믿고 실행한다면 큰 변혁의 주인공이 될 수 있습니다.

한번 고참은 영원한 고참? 아니죠. 세상에 영원함이란 없습니다.

56

페덱스의 이직률이 세계 최저인 이유는 이곳이 일하기 편한 직장이 아니라 일하는 것이 신나는 직장이기 때문이다.

- **프레드릭 W. 스미스**(페덱스 창업자) -

1965년 예일 대학에서 경제학을 전공하던 프레드릭 W. 스미스라는 학생이 화물운송에 관한 자신의 아이디어를 기말 리포트로 제출했습니다. 미국의 중심지에 화물 모으는 곳(Hub)을 만들고 그곳에서 자전거 바큇살(Spoke) 모양으로 전국 각지로 배달하면 하루 안에 배달할 수 있다는 내용이었습니다. 하지만 담당 교수는 하루 안에 화물을 배달한다는 것은 현실적으로 불가능하며, 경제성 또한 없다는 이유로 C학점을 주었습니다.

그러나 스미스는 1971년 페덱스(Fedex)라는 화물 운송회사를 창업했습니다. 페덱스는 현재 동종업계 세계 1위를 달리고 있고, 세계 여러 나라의 화물운송 시스템은 프레드릭 스미스의 방식을 따라 하고 있습니다. 담당 교수는 고정관념에 사로잡혀 미래를 내다보지 못한 반면, 상상력이 풍부했던 학생 프레드릭 스미스는 인류의 생활과 세상을 바꿔 놓았습니다.

편견이 배제된 상상이 세상의 학식보다 더 위대할 수 있습니다.

이 C학점 리포트가 2020년 기준 전 세계 220개국, 47만 명 이상의 종업원, 679대의 항공기를 운용하는 페덱스를 만든 거군요.

57

습관의 족쇄는 너무 가벼워서 느끼지 못한다. 너무 무거워져서 끊지 못할 때까지.

- **워런 버핏**(버크셔 해서웨이 CEO) -

'살아있는 주식투자의 전설', '오마하의 현인' 등으로 불리며 빌 게이츠와 함께 세계 최고의 부자 1, 2위를 다투고 있는 워런 버핏 회장은 더는 설명이 필요 없는 인물입니다.

위의 말은 사람들이 미처 생각 못 한 관점에서 세계 경제의 흐름을 꿰뚫어 보고 기업의 현재 주가가 아니라 미래의 가치에 투자하는 것으로도 유명한 그가 습관에 관해 남긴 말이어서 더욱 크게 와닿습니다.

과거에도 그랬지만 모든 게 빠르게 변하는 요즘은 더욱 변화의 중요성을 실감하는 시대입니다. 과거부터 해오던 습관에서 벗어나지 못하면 다가오는 변화를 보지 못하게 되고, 적응이 늦어져 도태되고 말 것입니다.

변하지 않는 습관은 고리타분하고 구태의연한 삶의 시작일 수 있습니다. 자신의 생각이나 생활 속에서 무의식적으로 해오던 관습에 얽매인 부분이 있지는 않은지 항상 되돌아봐야 합니다.

"처음에는 우리가 습관을 만들지만 그다음에는 습관이 우리를 만든다."라는 존 드라이든의 말도 떠오릅니다.

58

남이 보지 못한 곳에서 새로운 사업 아이템을 찾아낸 창의적인 아이디어가 성공요인이다.

- **크리스 고팔라크리슈난**(인포시스 전 CEO) -

경제에는 '신경제'와 '구경제'라는 말이 있습니다. 현재 세계 인구의 3분의 1은 부유한 신경제에 속해 있고 또 다른 3분의 1은 가난한 구경제에 속해 있다고 합니다. 전 세계적으로 이슈가 되고 있는 스마트 폰이나 아이패드 같은 신기술들은 신경제에 속한 사람들을 위한 것이라고 할 수 있을 것입니다. 구경제에 속한 사람들에게는 먼 나라 이야기일 뿐이죠.

땅도 넓고 인구도 많은 중국과 인도에서는 인구의 70%가 구경제에 속해 있습니다. 하루 2~3시간밖에 전기가 들어오지 않는 지역이 많은 인도에서는, 한 번 충전하면 5일 정도 버티는 4만 원짜리 핸드폰이 인기라고 합니다.

하지만 신경제 국가와 구경제 국가가 태생적으로 따로 있는 것은 아닙니다. 세상의 변화를 선도하거나 따라잡지 못하면 구 경제권 국가로 떨어지는 것은 눈 깜짝할 새일 것입니다.

우리나라도 구 경제권에 속하던 시절이 불과 50여 년 전이었음을 결코 잊어서는 안 됩니다.

경제와 과학 분야에서는 오로지 개혁과 진보만이 살길인 듯합니다.

59

새로운 발상에 놀라지 마라. 다수가 받아들이지 않는다고 진실이 아니지는 않다는 것을 잘 알지 않는가.

- **바뤼흐 스피노자**(네덜란드 철학자) -

1920년대만 해도 잠수함이 침몰하면 탈출할 방법이 없어 꼼짝없이 죽음을 맞아야 했습니다. 미국 해군의 함장이었던 찰스 몸센은 부하들의 죽음이 안타까워 잠수함 탈출 장비를 만들자고 건의했지만, 해군에서는 쓸데없는 일이라며 무시해 버렸습니다. 몸센은 자기 돈으로 실험을 거듭해 '몸센 렁(Momsen Lung)'이라는 탈출 장비를 만드는 데 성공했습니다. 몸센 렁은 코마개가 달린 간단한 구명조끼였습니다. 몸센이 직접 착용한 뒤 수심 33미터의 원통에서 탈출하는 시범을 보이자 사람들은 크게 환호했습니다.

지금은 이보다 더 간단하고 효과적인 탈출방법이 개발되었습니다. 그것은 스스로의 힘으로 탈출하는 '자력탈출'입니다. 폐에 숨을 가득 채우고 서서히 내쉬며 수면으로 올라오는 방법이죠. 그렇다면 몸센 렁은 아무 의미 없는 발명품이었을까요? 그렇지 않습니다. 몸센 렁을 만듦으로써 침몰한 잠수함에서도 탈출할 수 있다는 발상의 전환이 훗날 자력탈출로까지 이어졌기 때문이죠.

남들이 안 된다고 하는 일에 대한 도전정신과 발상의 전환, 인류의 발전을 이끄는 쌍두마차라고 해도 지나친 말은 아닐 것입니다.

다수의 의견이 틀릴 때가 의외로 많다니까요!

60

흔히 자본주의를 약육강식이라고들 하지만, 사실은 적자생존이 더 올바른 표현이 아닌가 싶습니다.

- **이나모리 가즈오**(교세라 창업자) -

지구와 인류의 역사를 보면 강한 자가 항상 살아남았던 게 아니고 변화하는 환경에 적응했던 자가 살아남았음을 쉽게 알 수 있습니다. 공룡 등 동물들도 그렇고 많은 국가와 기업도 마찬가지였습니다. 즉, 인류와 지구의 역사는 약육강식의 원리보다는 적자생존의 원리가 더 지배했다고 봐도 틀린 말은 아닐 것입니다.

약육강식과 적자생존의 두 원리는 기업의 경영에도 적용됩니다. 어떤 기업은 동료조차 이겨야 할 경쟁자이자 적으로 여기며 타인의 희생과 치열한 경쟁을 요구하는 약육강식의 원리가 지배하고 있고, 어떤 기업은 외부 환경에 발맞춰 끊임없이 적응과 진화를 꾀하고 이를 위해 구성원, 하청업체, 거래처, 고객 등 모두와의 화합을 추구하는 적자생존의 원리를 택하고 있습니다. 어떤 기업이 성공하고 장수할 것인지는 두말할 필요가 없을 것입니다.

조직 문화를 약육강식과 적자생존으로 가르는 것은 바로 리더입니다. 동료조차 적으로 만들어 혼자만 살려고 애쓰는 기업을 만들겠습니까? 상생을 통해 장수하는 기업으로 만들겠습니까?

혼자만 강한 독불장군이 살아남는 게 아니라 약해도 협력하는 자들이 끝까지 살아남는 예가 많습니다.

61

눈으로 남을 볼 줄 아는 사람보다, 귀로 남의 이야기를 들을 줄 알고 머리로는 남의 행복에 대해 생각할 줄 아는 사람이 더욱 훌륭하다.

- **유일한**(유한양행 창업자) -

존경받는 기업인, 유한양행의 창업자 유일한 박사는 정직한 기업인이었습니다. 1926년 유한양행을 설립한 유일한 박사는 당시로서는 생소했던 주식 공개를 통해 1962년 기업의 소유와 경영을 분리했습니다. 그는 납세에도 진실했습니다. 유한양행은 1963년 전국 유일의 우량납세기업체로 선정되었고, 1968년에는 대대적인 정부의 세무 감찰을 받았지만 아무리 털어도 먼지 하나 나지 않았죠.

그의 유언장 역시 세인들에게 귀감이 되었습니다.

"딸에게 주는 땅은 유한동산으로 꾸며주길 바란다. 단, 학생들이 마음대로 뛰놀며 쉴 수 있도록 울타리를 치지 마라. 아들은 대학까지 가르쳤으니 스스로의 힘으로 살아라. 나머지 재산은 모두 한국사회 및 교육신탁기금에 보내 뜻있는 육영사업과 사회사업에 쓰도록 해라."

한 기업의 창업주였던 그가 남긴 것은 구두 두 켤레와 양복 세 벌, 손때 묻은 안경과 가방, 만년필, 지팡이가 전부였습니다.

타인의 삶을 존중하는 기업인은 질시가 아닌 존경의 대상입니다.

62

투자에서 리스크란 필연적이지만 필요 없을 때조차 리스크를 짊어지려고 하지 마라.

- **피터 L. 번스타인**(미국 경제학자) -

한 골동품 수집가가 시골의 허름한 식당에서 식사하게 되었는데, 가만히 보니 문간에서 밥을 먹고 있는 개의 밥그릇이 아주 귀한 골동품이었습니다. 수집가는 그것을 사기로 마음먹고 생각했습니다.

'밥그릇을 산다고 하면 의심하고 쉽게 팔지 않겠지?'

그래서 그는 일단 개를 사겠다고 주인에게 말을 걸었습니다. 그러고는 별 볼 일 없는 개를 후하게 주겠다고 하여 주인의 승낙을 얻는 데 성공했습니다. 일단 개를 산 수집가가 말했습니다.

"주인장, 그 개밥그릇까지 끼워서 삽시다."

그러자 주인이 대답했습니다.

"안 됩니다. 그 밥그릇 때문에 개를 백 마리도 더 팔았는데요."

세상에는 정공법이 효과를 발휘할 때가 더 많습니다. 정도를 가지 않고 빙빙 돌며 눈치만 보거나 잔머리만 굴려서는 목적 달성은 커녕 손해까지 볼 수도 있습니다.

잔머리 잘 굴리는 사람은 결국 언젠가는 그로 인해 큰 손해를 보고야 말죠.

63

목숨을 걸 만한 것을 찾지 못한 사람은 온전한 삶을 살지 못한다.

- **마틴 루터 킹**(미국 인권운동가, 목사) -

마틴 루터 킹이 워싱턴 시내를 지나가고 있는데, 마침 그곳을 청소하는 한 젊은 청소부를 보았습니다. 이 청소부는 청소나 하는 자신을 못마땅하게 여기며 짜증 섞인 욕을 내뱉고 있었습니다. 킹 목사는 그 모습을 지켜보다가 조용히 다가갔습니다.

"하늘이 당신에게 지구의 한 모퉁이를 맡기셨군요?" 청소부는 킹 목사가 예상치 못한 말을 걸어오자 황당하다는 표정을 지었습니다.

"청소부라면 미켈란젤로가 그림을 그리듯, 베토벤이 음악을 작곡하듯, 셰익스피어가 시를 쓰듯 큰 노력과 좋은 솜씨로 거리를 청소해야 하지 않을까요? 청소 솜씨가 너무 탁월해서 하늘과 땅 모두가 하던 일을 멈추고 '여기, 자신이 맡은 일을 훌륭히 해낸 위대한 청소부가 살았노라!' 하고 말할 수 있을 정도로 말이지요!"

젊은 청소부는 킹 목사의 말을 듣고 자신이 갑자기 대단한 역할을 하는 사람으로 느껴지기 시작해 기분 좋게 일하게 되었습니다.

관점의 차이는 전혀 다른 삶을 만들어 냅니다. 직원 개개인이 자신의 역할에 자부심을 가지는 것 또한 경영자의 진심 어린 말 한마디에서 시작될 것입니다.

오늘의 자기 일에 자부심을 갖는 것보다 값진 일은 없습니다.

64

성공하려면 실패율을 두 배로 늘려라.

- **톰 왓슨**(IBM 창업자, 전 CEO) -

실패를 두려워하지 않는 사람은 없습니다. 한 번도 실패하지 않아 봐서, 실패하면 다시 일어서지 못할까 봐 등 실패를 두려워하는 사람들의 이유는 다양하죠. 반면 실패의 가르침을 신뢰한 CEO도 있었습니다. 그는 IBM 창업자 톰 왓슨입니다.

어느 날, 전도유망한 젊은 경영자의 사업계획안이 실패하여 IBM에 1,000만 달러의 손실을 입힌 적이 있었습니다. 젊은이는 IBM의 창립자 톰 왓슨이 당연히 자신을 해고할 것이라 생각하고 낙심했습니다. 그러나 톰 왓슨은 사표를 내미는 젊은이 앞에서 크게 웃으며 이렇게 말했습니다.

"자네 지금 농담하는 건가? 우리 회사는 자네의 교육비로 무려 1,000만 달러를 투자했다네!"

모든 일에 실패가 꼭 필요한 것은 아니지만, 성공은 실패 속에서 만들어집니다. 농구의 황제라 불리는 마이클 조던의 "나는 9,000번 넘게 슛에 실패했고 300번 정도 패했다. 내 삶은 실패의 연속이었다. 이것이 내가 성공한 이유다."라는 말에서도 우리는 많은 것을 배울 수 있습니다.

잠깐의 실패도 없다면 그것도 제대로 된 인생은 아닐 것입니다.

65

모든 것이 완벽해질 때까지 기다리기만 하는 자야말로 사람 미치게 하는 자다.

- **리 아이아코카**(포드/크라이슬러 전 CEO) -

크라이슬러 자동차는 한때 파산 위기에 직면해 있었습니다. 이때 경영정상화의 CEO로 떠오른 이가 아이아코카였습니다. 그는 포드 자동차에서 CEO를 지냈던 사람이지만, 포드 2세의 미움을 받아 쫓겨난 상황이었죠. 포드에 대한 복수심으로 불타던 그는 연봉을 단 1달러만 받고 일하기로 합니다. 아이아코카는 크라이슬러를 살려낼 아이디어를 짜냈습니다. 다양한 디자인의 미니밴과 스포츠카, 무개차 등이 그가 고안한 것들이었는데, 결국 이 차들이 회사를 기적적으로 살리게 됩니다.

아이아코카가 오픈카를 생산한 당시에 관한 유명한 일화가 있습니다. 그는 오픈카의 개념을 설명하며 기술진에게 개발에 시간이 얼마나 걸리는지 물었습니다. "타당성 검토에 6개월, 설계에 1년, 시제품 생산에 2년…." 그는 그 자리에 전기톱을 가져와 차의 지붕을 잘라 버렸습니다. "이대로 만들어 주십시오!"

생각의 전환과 역발상은 때로 개인과 기업의 인생을 이렇게 송두리째 바꾸기도 합니다.

최근에는 '연봉 1달러'를 거부의 상징으로 보기도 합니다. 연봉 1달러 CEO들이 스톡옵션과 보너스, 주식 등을 통해 엄청난 수익을 거두기 때문이지요.

66

패션은 단순한 옷의 문제가 아니다. 그것은 모든 곳에 존재한다.

- **코코 샤넬**(샤넬 창업자이자 패션디자이너) -

세계의 모든 여성이 지나가다 한 번쯤은 발길을 멈춰봤음 직한 곳, 바로 명품 '샤넬' 매장입니다.

샤넬의 제품은 천정부지로 솟는 가격으로 유명하지만, 정작 코코 샤넬 자신은 1883년 프랑스의 가난한 집안에서 태어나 보육원에서 자랐습니다. 보육원 시절 직접 바느질을 배웠죠.

샤넬이 등장하기 전의 여성들은 몸을 꽉 조이는 코르셋, 발까지 오는 긴 치마만 입을 수 있었습니다. 코르셋으로 몸을 죄다가 호흡곤란으로 사망하는 여성이 있을 정도였고, 여성의 옷에 주머니가 있다거나 여성이 다리를 드러내는 것은 상상도 못 할 일이었습니다. 그러나 샤넬은 입고 일을 할 수 있을 정도의 단순하고 실용적인 여성복 디자인을 선보였습니다. 품격과 실용성을 동시에 갖춘 드레스와 샤넬 슈트로 그녀는 금세 세계적인 디자이너가 되었죠.

여성들이 당당하게 하나의 인격체로 삶과 일을 영위할 수 있도록 도운 그녀는, 당연시된 일상을 뒤집어 봄으로써 여성들을 불필요한 관습에서 해방시켰습니다.

품격과 실용성, 관습에서의 해방이라는 상징성을 가졌던 샤넬이 이제는 단순한 사치품으로 격하된 것 같아 아쉽네요.

67

신은 나에게 밤과 책을 동시에 주셨다.

- **호르헤 루이스 보르헤스**(아르헨티나 작가) -

책을 너무 많이 읽어서 눈이 먼 20세기 라틴문학의 대표 작가 보르헤스. 그는 우리에게 친숙한 작가는 아닙니다. 그러나 그는 아르헨티나의 소설가이자 시인으로 '라틴 문학계의 큰 별'로 불리죠.

보르헤스는 이미 7세 때 『그리스 신화』를 요약했고, 10세 때는 오스카 와일드의 『행복한 왕자』를 에스파냐어로 번역해 놀라운 문학적 재능을 보였습니다.

책을 너무나 좋아했던 그는 38세 되던 해에 그토록 꿈꾸었던 부에노스아이레스 시립도서관에 근무하게 됩니다. 그렇지만 대통령의 독재를 비판하여 금방 해고되고 말죠.

20여 년 뒤 페론 정권이 무너지자 보르헤스는 드디어 아르헨티나 국립도서관 관장이 되지만, 시력 약화로 실명하게 되면서 위의 말을 남겼습니다.

세상에는 많은 아이러니가 있습니다. 그러나 보르헤스는 잃은 것에 절망하기보다 얻은 것에 감사할 줄 알았습니다. 그것이 눈 밝은 자의 부끄러운 낮보다 앞을 보지 못했던 보르헤스의 밤이 아름다운 이유입니다.

세상에는 많은 아이러니가 있지만, 이를 극복하는 것도 결국 인간입니다.

68

절대로, 절대로, 절대로 포기하지 마십시오.

- **윈스턴 처칠**(영국 정치인) -

조산아로 태어나 초등학교 때는 선생님에게 '가장 멍청한 아이'라는 말을 들었으며, 중학교 때는 영어에서 낙제를 받아 3년이나 유급한 사람이 있습니다. 학교나 졸업할 수 있을까? 의심마저 든 이 사람은 바로 훗날 영국의 수상이 된 윈스턴 처칠입니다.

처칠이 옥스퍼드 대학에서 한 축사는 유명합니다. 그가 축사를 하기 위해 연단에 오르자 학생들은 일제히 일어나 박수를 쳤습니다. 그는 청중들을 지그시 바라보았습니다. 사람들은 모두 숨을 죽이고 그의 입에서 나올 근사한 축사를 기대하고 있었죠.

"포기하지 마십시오!"

그는 힘 있는 목소리로 첫마디를 꺼냈습니다. 그러고는 다시 한 번 말했습니다.

"절대로, 절대로, 절대로 포기하지 마십시오!"

처칠은 더는 아무 말도 하지 않고 연단을 내려왔습니다. 청중들은 박수를 치기 시작했고 그 소리는 점점 커져갔습니다. 제2차 세계대전 후 폐허가 되었던 런던에서, 그는 이 말 한마디로 사람들에게 포기하지 않는 마음을 심어주었던 것입니다.

실패하는 것보다 포기하는 것이 우리의 삶에 더 치명적입니다.

69

아이디어는 도전받고 시험받은 후에야 위대한 아이디어가 된다.

- **에드윈 캣멀**(픽사/디즈니 애니메이션 회장) -

'슈퍼 섬유'라는 것이 있습니다. 나일론의 5분의 1 두께의 가느다란 실 한 가닥으로 150kg을 지탱할 수 있으며, 불에도 타지 않는 '아라미드'라는 섬유와 강철의 20% 정도의 무게이지만 10배나 더 강한 '탄소섬유'라는 섬유 등이 있습니다.

방화복, 방탄제품 등이 아라미드 섬유로 만든 것이고, F1 자동차의 차체는 탄소섬유로 만들었다고 합니다. 그래서 F1 대회에서 아찔한 충돌사고가 발생해도 자동차 안의 선수가 대부분 큰 부상 없이 걸어 나올 수 있다는 것이지요.

이제 세계는 섬유로 그냥 옷을 만드는 나라와 항공기, 자동차, 선박, 각종 의료장비, 통신장비 등 인류에게 필요한 다양한 것을 만드는 나라로 나뉘고 있습니다. 섬유의 다양한 활용도를 상상하고 기술을 확보한 나라와 그렇지 못한 나라 간 경쟁의 결과는 명확합니다.

비단 섬유뿐만이 아닙니다. 앞으로는 분야를 막론하고 무한한 상상력과 응용능력이 개인과 기업의 경쟁력이 될 것입니다.

섬유산업은 사양산업이 아니라 세상을 바꿀 산업이었군요.

70

미래를 예측하는 가장 좋은 방법은 미래를 창조하는 것이다.

- **앨런 케이**(미국 전산학자) -

개구리가 힘차게 울거나 개미가 바쁘게 움직이면 비가 올 징조라고 합니다. 반대로 거미가 거미줄을 치고 있으면 날씨가 개거나 맑을 징조라고 합니다. 또 가을에 꿀벌이 집의 출입구를 조그만 구멍만 남기고 막으면 그해 겨울은 유난히 춥다고 합니다.

이런 동물들처럼 앞으로 벌어질 일들을 예측하고 미리 대비할 수 있는 능력을 가지고 있다면 세상을 이끌 0.1%에 해당할 수 있을 것입니다. 하지만 이런 능력이 없더라도 0.1%에 해당하는 사람들의 움직임을 주시하며 빠르게 따라갈 수만 있어도 세상을 이끄는 1%의 인류에 포함될 수 있을 것입니다.

반대로 개미나 꿀벌의 움직임을 가벼이 보고 지나치듯이 세상의 흐름을 가벼이 보고 지나친다면 패배자나 잉여인간이 될 수밖에 없겠지요.

기존의 상식과 질서에만 의존하지 말고 새로운 생각들에 호의를 가질 수 있는 마인드를 가지고 창의적이거나 안목 있는 인류로의 발전을 도모해야 할 것입니다.

인류의 1%, 대입 성적순이 아닌 것은 분명하군요.

"성공하는 사람들은 장기적인 관점에서 바라보기 때문에
다른 사람이 원하는 것을 먼저 제공합니다.
그래서 나중에 자신이 원하는 것을 얻게 됩니다.
반면 실패한 사람들은 단기적인 이익에 집착하므로
자기가 먼저 원하는 것을 취합니다.
이들은 자신의 이익을 챙기고 조금이라도 손해 보는 일은
결코 하지 않기 때문에 단기적으로는 이익을 보는 것 같지만
장기적으로는 더 많은 것을 잃게 됩니다.
그러므로 기업의 최고경영자는 자사 제품의 결점이 발견될 경우
이를 인정하고 진실을 말한다면
신뢰감과 자신감 있는 기업으로 평가받아
고객들로부터 호감을 얻는 기회를 갖게 될 것입니다.
스펀지는 그 안에 공간을 갖고 있기 때문에
물을 빨아들일 수 있지요.
누군가가 다가오게 하려면 우리 조직 안에 그가 들어올 수 있는
빈틈을 마련해두어야 하지 않을까요?"

-이의현-

PART 3

AUTUMN

1

인생 초기에는 교양을 위해 독서를 했지만 창업 이후에는 사람을 공부하기 위해 독서를 했습니다.

- **이병철**(삼성그룹 창업자이자 전 회장) -

인간이 살아가는 데 있어 독서는 수많은 직간접적인 '경험치', 즉 인생의 이야기를 풍성하게 만드는 역할을 합니다. 미국의 하버드대학교는 영국의 케임브리지대학교에 비해 약 400년이나 늦게 설립된 학교입니다. 그럼에도 불구하고 하버드대학교는 현재 세계 최고의 대학으로 평가받고 있습니다.

과연 그 비결은 무엇일까요? 여러 이유 중에서 눈에 띄는 것은 하버드대학교 학내에 존재하는 97개의 도서관과 1,400만 권이 넘는 어마어마한 장서입니다. 이런 학풍 속에서 하버드대학교의 학생들은 책을 가장 친숙한 매체로 접할 수 있고, 각기 원하는 분야에서 폭넓은 양서를 마음껏 보며 개인의 경쟁력을 한껏 끌어올릴 수 있었던 것입니다.

책 속에는 우리가 미처 몰랐던 다양한 사상과 세계가 펼쳐져 있지만, 점점 우리나라 국민의 독서량과 독서력은 떨어져만 갑니다. 지위 고하를 막론하고 책을 통해 사고의 폭을 넓히고 수많은 세계를 상상하는 것의 중요성은 아무리 강조해도 지나치지 않습니다.

투자의 귀재 워런 버핏의 독서량도 일반인 평균의 다섯 배가 넘었다고 하죠.

2

소비자 조사의 문제점은 소비자들이 자신이 이미 알고 있는 것만을 대답한다는 것이다.

- **브라이언 워커**(허먼 밀러 전 CEO) -

미국 사무용 가구업체 허먼 밀러는 한 개에 100만 원이 넘는 비싼 가격에도 전 세계적으로 600만 개 이상이 팔리는 사무용 의자인 '에어론'으로 유명합니다. 이 회사는 소비자 조사를 안 하기로 유명한데, 브라이언 워커 전 CEO는 팩시밀리가 처음 개발될 때 대부분의 소비자가 팩시밀리를 필요 없는 개발품으로 평가했던 것을 예로 들며, 획기적이고 창의적인 제품을 개발하려면 시장조사자나 판매담당자의 생각을 뛰어넘어야 하기 때문에 시장조사가 불필요하다고 주장한 바 있죠. '에어론'도 처음에는 "의자도 아니다"라는 혹평을 받았으나 지금은 최고의 의자로 사랑받고 있습니다.

워커의 말에 의하면 "소비자의 의견을 물을 시간에 그들의 생활을 세심하게 장시간 관찰하며 개선점을 찾아내는 데 주력하는 것이 혁신을 주도하는 방법"이라는 것이지요.

세상의 변화가 시작될 때 대중은 그 변화의 필요성을 느끼지 못하는 경우가 대부분입니다. 대중의 의견보다는 변화의 필요성에 집중하는 길이 혁신의 시작이 될 것입니다.

대중의 의견대로였다면 지금 우리에겐 자동차도 스마트폰도 없었을 겁니다.

3

디지털 시대가 왔다지만 많은 사람은 여전히 장인의 열정이 깃든 아날로그 제품을 찾는다.

- **루츠 베이커**(몽블랑 전 CEO) -

'마이스터스튁(명작)' 만년필로 유명한 몽블랑은 100년이 넘는 역사를 가진 독일의 명품 브랜드입니다. 몽블랑은 1987년 이후 만년필이 볼펜에 자리를 잃어가는 상황에서 오히려 20달러 이하 제품은 모두 생산 중단하는 절묘한 고급화 정책을 펼쳤습니다.

루츠 베이커 CEO는 시대를 초월한 몽블랑의 성공비결로 '오랜 역사를 가진 기업만이 만들어낼 수 있는 가치와 정서가 깃든 제품'을 손꼽습니다. 즉, 고결한 약속과 권위를 담아야 하는 서명에는 '마이스터스튁' 만년필이 사용되어야 한다는 의미와 상징성이 경쟁력 그 자체라는 것이죠. 이에 몽블랑은 프리미엄 제품인 '마이스터스튁 시리즈'에 집중했고, 현재 이 시리즈는 전 세계 대부분의 정상과 CEO를 비롯한 저명인사들의 필수품이 되어 전체 매출액의 약 50%를 차지하고 있습니다.

장인정신으로 일군 품질과 이를 바탕으로 한 오랜 역사와 상징성은 기업의 미래가 되기에 충분합니다. 트렌드에 따른 한때의 호황 매출액만으로 역사와 상징성을 살 수는 없습니다.

동서독 통일조약과 한국 IMF조약 때도 몽블랑으로 서명했다고 하죠.

4

회의 중에 의사결정 답이 떠오르기도 하나, 참석자들의 말을 조용히 듣고 있는 것이 더 효과적이다.

- **제프리 이멜트**(GE 전 CEO) -

회의를 주재하는 위치에 있다 보면 전체 분위기를 자신이 원하는 방향으로 이끌거나 다른 사람들을 가르치고 싶은 유혹에 빠지기 쉽죠. 하지만 이는 진심으로 조직의 이익을 위한다면 반드시 자제해야 할 태도입니다. 특히 CEO라면 더욱 그렇습니다. CEO의 말 한마디는 암묵적으로 회의의 아웃라인이 되어 참석자들의 창의적이고 다양한 의견을 봉쇄하기 쉽습니다. 나아가 이런 일이 반복되면 회사 전체의 분위기가 폐쇄적이고 수동적으로 되어 결국 회사가 큰 피해를 입게 됩니다.

미국의 전기기기 제조업체이자 '세계에서 가장 칭찬받는 기업 1위'에 선정되기도 했던 GE를 지난 16년간 이끌어온 제프리 이멜트의 말처럼, 참석자들이 스스로 정답을 찾도록 기다려 주면 직원들을 능동적이고 창의적인 존재로 성장시킬 수 있습니다. 또 CEO도 생각 못 한 획기적인 방안을 도출해 낼 수도 있게 되죠.

CEO의 침묵과 기다림이 창의적이고 자율성을 확산하는 기업문화를 만들어 낼 수 있습니다.

최고의 권위를 갖게 될수록, 아랫사람의 말을 '경청'하는 것이 필요합니다.

5

최고경영자는 30년, 50년 뒤를 내다보고 내실을 잘 다져나가지 않으면 안 된다.

- **스즈키 오사무**(스즈키자동차 전 회장) -

떠오르는 신흥국 인도에서 자동차시장 점유율 50%를 점유하고 있는 기업은 어디일까요? 미국의 유명한 자동차 회사도 아니고 일본의 도요타도 아닙니다. 주인공은 바로 스즈키입니다.

일본이나 미국 등의 시장에서 세계 유수의 자동차 회사들과 소모적인 경쟁을 하는 대신 새로운 시장의 개척에 나서야 한다는 회장의 결단력 덕분에, 스즈키는 인도시장을 선점할 수 있었습니다.

스즈키는 완성차 메이커이면서 OEM 생산도 마다하지 않는 발상의 전환으로 기업의 궁극적인 목적인 판매량을 늘릴 수 있었습니다.

최근에는 폭스바겐에 지분 19.9%를 매각하며 합종연횡(合縱連橫)에 나서는 등 급변하는 환경에서 살아남기 위해 끊임없이 노력하고 있습니다.

기업의 목적은 '어디에서 어떤 방식으로 제품을 생산, 판매하는가'에 있는 것이 아닙니다. 그보다는 한 기업에서 생산한 제품이 '시간이 오래 지나도 판매될 수 있는가'에 집중해야 기업도 제품도 생명력을 잃지 않을 수 있을 것입니다.

한 기업이 50년 이상 유지된다는 사실만으로도 대단하다 할 수 있겠죠.

6

난 스스로를 달달 볶는 이 세상에 이의가 있다. 힘들수록 좋아하는 것, 잘하는 것에서부터 출발하자.

- **김범수**(카카오 이사회 전 의장) -

PC통신 유니텔을 만들고 한게임으로 전국을 고스톱과 테트리스 열풍에 빠지게 했으며, NHN 창업에 카카오톡까지. 손을 대는 곳마다 성공한 남자, 바로 김범수 카카오 이사회 전 의장의 이야기입니다.

김범수 의장은 가난한 집의 아이였습니다. 아버지는 막노동과 목공 일을, 어머니는 생계를 위해 지방에 돈을 벌러 다니셨죠. 가난에 대한 트라우마가 누구보다 컸지만, 그는 사업을 꿈꾸는 이들에게 자신을 끊임없이 채찍질하라고 말하지 않습니다. 오히려 "자기가 좋아하고 잘할 수 있을 것 같은 영역에서 출발하라"라고 조언하죠.

영화 〈올드보이〉에서 최민식이 "어떤 놈이 대체 날 가뒀나?" 하는 고민에 "당신이 틀린 질문을 하니까 틀린 답만 찾을 수밖에 없다"라고 한 유지태의 대답에서 그는 큰 충격을 받았다고 합니다. 즉, 문제를 해결하는 능력보다 문제를 인지하는 능력이 더 중요하다는 깨달음을 얻은 거죠.

자신이 좋아하는 분야에 대한 능력을 쌓으면서 관점을 바꾸어 볼 줄 아는 안목을 기른 김범수 전 의장이야말로, 이상과 현실을 일치시킨 멋진 CEO가 아닌가 합니다.

당신이 가장 좋아하는 놀이와 취미가 성공의 지름길일 수도 있습니다.

7

만일 내가 그리고 있는 도표나 그림을 파워포인트로 만들려고 했다면 엄청난 시간을 낭비했을 것이다.

- **스코트 맥닐리**(선 마이크로시스템즈 전 CEO) -

선 마이크로시스템즈의 CEO였던 스코트 맥닐리는 재임기간 중 파워포인트를 금지시켰던 것으로 유명합니다. 파워포인트로 더 화려하고 보기 좋은 PT를 할 수 있을지는 몰라도 그렇게 보기 좋게 포장하기 위해 많은 시간과 에너지를 소비하는 대신, 같은 시간과 에너지로 더욱 알차고 창의적인 내용을 준비하라는 것이 맥닐리의 지론입니다.

실제로 파워포인트를 금지하고 나서 회사의 실적이 놀랄 만큼 상승했다고 하니, 이것은 한 CEO의 개인적인 취향으로 치부할 일은 아닐 것 같네요.

자료조사 및 분석, 입증에 귀중한 시간을 더 많이 할애한 후 간단한 워드나 OHP로 보고하는 것이, 내용은 부실한데 시각적으로 화려한 파워포인트보다 훨씬 효율적인 것은 당연할 것입니다.

비단 파워포인트뿐이 아닙니다. 관리자라면 복장이나 회의준비 등 회사 내 비효율적인 관행들을 찾아내어 바로잡음으로써, 회사를 훨씬 효율적이고 내실 있는 기업으로 만들 수 있습니다.

요즘 포장만 빵빵한 먹을 것들이 많죠. 먹는 것 갖고 장난치지 맙시다!

8

누군가 우리의 모든 것을 가지고 간다고 해도 직원들을 남겨둔다면 우리는 10년 안에 일어설 것이다.

- **리처드 듀프리**(P&G 전 CEO) -

기업이든 국가든 조직의 흥망성쇠는 유형의 자산이 아니라 사람에 의해서 결정되는 경우가 대부분입니다. 사람을 질적, 양적으로 확보하는 조직이 결국에는 성공하게 되죠. 많은 사람이 일하고 싶어 하는 기업에는 당연히 인재가 몰리고, 또 그 인재들의 이직률 또한 낮습니다. 능력이 뛰어난 인재를 많이 확보한 상태에서 기업 활동을 할 수 있으니 자연스레 더 높은 실적이 뒤따르게 되겠죠.

미국의 대표적 세제 업체인 P&G의 CEO였던 리처드 듀프리는 이런 사실을 간파하고 사람을 중요시한 대표적 경영인입니다.

〈포춘〉지 조사에 따르면 1998~2002년 '일하기 좋은 100대 기업'의 연평균 주가 상승률은 9.86%인 반면, 세계 3대 신용평가기관으로 꼽히는 스탠더드&푸어스(S&P)가 선정한 '500대 기업'의 주가 상승률은 –0.56 %인 것으로 나타났습니다. 매출이 많이 증가 한 회사보다 사람들이 일하고 싶어 하는 기업의 주가 상승률이 확연히 높았던 것이지요. '좋은 인재'의 확보는 수치로 확인할 수 있을 정도로 '객관적인 성공 지표'라는 것을 알 수 있는 대목입니다.

반대로 말하면, 좋은 인재가 떠나가는 회사는 곧 어려움을 겪을 수 있겠죠?

9

브랜드는 소비재 시장에만 있는 것이 아니다. '일하기 좋은 직장'은 우리의 기업 브랜드이다.

- **더글러스 힐**(에드워드 존스 전 CEO) -

'에드워드 존스'는 미주리주 세인트루이스에 본부를 둔 연금, 보험 등을 통해 개인 투자자들의 퇴직 후 인생설계 서비스를 제공하는 금융기업입니다. 개인 투자자만을 고객으로 하는 유일한 내일투자금융회사이면서도 미국, 영국, 캐나다 등에 15,000개 이상의 지점을 가지고 있을 정도로 성공한 회사죠. 지난 2002년과 2003년 연속으로 〈포춘〉지 선정 100대 기업에서 1위를 차지하는 등 이후에도 꾸준히 사람들이 일하고 싶어 하는 기업에 올라 있습니다.

사람들이 이 회사에서 일하고 싶어 하는 이유야 다양하겠지만, 그 이유가 무엇이든 이런 평가야말로 기업의 가치를 높여주는 브랜드라고 더글러스 힐 사장은 말합니다. 또한 이 회사 구성원의 97%가 "최고경영자의 도덕성을 믿는다."라고 응답했다고 하니, 이렇게 상호신뢰하는 문화를 가진 기업은 당연히 성공할 수밖에 없지 않을까 합니다. 경영진이라면 고객의 마음을 빼앗기 전에 직원의 마음을 빼앗기 위해 노력에 최선을 다해야 합니다. 그 길이 바로 기업이 성공하는 가장 확실한 길일 테니까요.

기업의 시스템도 관리하는 사람에 따라 다른 결과를 가져오죠. 그러니 시스템보다 사람이 훨씬 중요할 수밖에요.

10

의사소통에서 제일 중요한 것은 상대방이 말하지 않은 소리를 듣는 것이다.

- **피터 드러커**(미국 경영학자, 작가) -

사오정이 보청기를 장만하고 자신만만하게 학교에 갔습니다.

선생님 : 거기 맨 뒤! 필기 안 하고 뭐 해?

사오정 : 잘 안 보여서요.

선생님 : 그래? 네 눈 몇인데?

사오정 : 제 눈은 둘인데요.

선생님 : 아니, 네 눈이 얼마냐고?

사오정 : 제 눈은 안 파는데요.

선생님 : 아니, 눈이 얼마나 나쁘냐고?

사오정 : 제 눈은 뭐 나쁘고 착하고 그런 거 없는데요.

의사소통은 입과 귀로만 하는 것이 아닙니다. 정서의 소통이 더욱 중요합니다. 이러한 문제의 본질을 놓치고 입과 귀의 문제를 보완했다고 해서 의사소통이 잘될 것이라 기대한다면 위의 사오정과 크게 다르지 않게 될 것입니다. 위와 같이 문제의 본질은 다른 데 있는데 엉뚱한 방안만 내놓고 있는 경우를 흔히 볼 수 있습니다. 당신도 사오정의 오류를 범하고 있는 문제가 주변에 있지는 않은지 점검해 보세요.

사오정이 안 되려면 상대의 진짜 의도를 파악하기 위한 노력이 필수입니다.

11

세상에는 간혹 불필요한 원칙이 존재하는데, 그중엔 차라리 지키지 않는 편이 나은 원칙도 있다.

- **테리 켈리**(W. L. Gore & Associates 전 CEO) -

특수 등산복 소재로 널리 쓰이는 고어텍스와 아폴로 11호에 쓰인 케이블 등의 제조회사로 유명한 W. L Gore & Associates는 수직적 위계질서가 아닌 팀 중심의 조직구조 형성을 통해 개인의 창의력, 혁신 및 직원 간의 밀접한 의사소통을 중시하는 기업으로 알려져 있습니다. 그래서 회사 이름도 '고어와 동료들'이죠.

법률적으로 필요해서 CEO 직함을 가지고 있던 테리 켈리는 "직함을 주면 그 사람과 조직을 상자 안에 가두게 되어 전체의 창의성을 억누르게 된다."라고 말합니다.

이 회사에서는 좋은 아이디어를 제안한 사람이 이에 동조하는 동료들과 팀을 만들어 프로젝트를 실행한다고 합니다. 이렇게 자발적으로 구성된 팀보다 더 창의적이고 유능한 팀을 구성할 수는 없겠죠.

상명하복의 군대식 권위주의로는 직원들의 자발적인 움직임과 창의성을 이끌어 낼 수 없으며 결국 기업은 도태되고 말 것입니다. 상사의 명령과 고정업무라는 틀 안에 직원들을 가두지 말고 자유를 줘 보세요. 기업의 미래를 책임질 인재들이 될 것입니다.

사육보다 방목으로 키운 가축의 질이 더 우수한 법이죠.

12

온전한 식품, 온전한 직원, 온전한 지구

- 홀푸드마켓의 모토 -

미국의 유기농 식품점 체인인 홀푸드마켓은 최고의 식품을 만들기 위해 수익의 일정 부분을 친환경 농업연구에 재투자하는 한편, 농부와 가공업자에게 '내가 만든 식품이 세계 최고'라는 자부심을 심어주어 생산자의 동기를 유발합니다. 그럼으로써 최고 품질의 식품을 확보하는 것이죠. 또한 물건구매 여부의 최종 결정자는 판매대의 직원들이고, 직원을 채용할 때도 매장의 팀 조직에 결정권을 주는 등 폭넓은 재량권을 주는 것으로 유명합니다.

회사 스톡옵션의 93%를 비 임원진에게 배정하는 등 수익의 일부를 직원들에게 나눠줌으로써 직원들을 주인의식과 열정을 가진 인재로 변화시킨 것입니다. 또 매출의 5%를 환경보호단체에 기부함으로써 인류 건강을 추구하는 기업 이미지를 심는 데도 성공했죠.

2017년 아마존에 인수 합병되었으나 2021년 기준 총수익은 170억 달러에 달하고 직원 총수는 9만 1,000명에 이르며, 홀푸드마켓을 인수한 아마존의 주가가 급등할 정도로 '착한 기업'이라는 브랜드 이미지로 소비자들에게 꾸준히 사랑받고 있습니다.

누군가의 '내적동기'를 유발할 수 있다면, 생산자도 직원도 소비자도 모두 스스로 회사에 충성하게 될 것입니다.

직원들에게 내적동기를 불러일으키는 가장 큰 원동력은 권한이양이 아닐까요?

13

외식업은 짧게는 1년, 길게는 2년 정도 인내심을 갖고 꾸준히 힘을 쏟아야 한다.

- **백종원**(더본 코리아 CEO) -

우리나라 외식산업의 대표주자인 더본 코리아의 백종원 사장은 1993년 원조 쌈밥 집을 시작으로 한신포차, 본가, 새마을식당, 백다방, 홍콩반점, 인생설렁탕 등 19개의 브랜드를 론칭하며 외식업계의 미다스의 손으로 불립니다. 그러나 성공한 이 브랜드들도 처음에는 모두 적자였다고 합니다. 심지어 2년 동안 적자를 본 브랜드도 있었으나 백종원 사장은 흑자를 내기 위해 편법을 쓰지는 않았다고 합니다. 맛과 가격에 자신 있었던 만큼 시간이 지나면 반드시 고객들의 호응을 받을 것이라는 믿음을 가지고 기다린 것이죠. 결국 이 브랜드들도 고객의 입소문으로 유명세를 타게 됐으니, 그의 성공비결은 자신감과 인내심이라고 해도 과언이 아닐 듯합니다.

막연히 때가 될 때까지 기다리는 일이 처음에는 대단히 힘들어도 꾸준히 노력하여 인고의 시간을 거친 뒤 성공 경험을 하고 나면, 그 뒤로는 확고한 믿음을 가지는 일이 어렵지 않아집니다. 어느새 인내하는 것이 습관처럼 몸에 배게 되는 것이죠. 그러면 이제 남은 일은? 성공이라는 열매를 따서 바구니에 담는 것이겠지요.

혹시 당신은 마이너스의 손이라는 한탄만 하고 있지 않나요? 2년도 못 참을 의지와 신념이라면 아예 시작도 말아야죠.

14

사업가가 사업가를 만나
아이디어를 얻는다는 것은
장님끼리 만나 인도하겠다는 것과 같다.

- **케빈 로버츠**(사친&사치 전 CEO) -

세계적인 광고회사 사치&사치(Saatchi & Saatchi)의 전 CEO 케빈 로버츠는 남과 차별화된 자신만의 컬러와 창의력이 없이는 성공할 수 없다고 말합니다.

예전에 국내 명문사학에서 강의하던 모 교수가 강의시간에 칠판에 '차'라는 한 글자를 써놓고 연상되는 것을 주제로 자유롭게 글을 써보라고 한 적이 있었습니다. 그런데 수강생 300명 중 290명이 넘는 학생이 자동차와 관련한 글을 써냈고, 극히 일부의 학생들이 차(茶)에 대한 글을 썼으며, 단 한 명의 학생이 장기판의 차(車)를 연상해서 글을 썼다고 합니다.

입시 문제풀이식의 획일화된 교육의 결과로 천편일률적인 사고밖에 못 하게 된 것이라고 볼 수 있겠죠.

획일적이고 암기 위주의 교육으로는 아이디어맨이 아닌 단순한 일꾼만 양산될 것이라는 케빈 로버츠의 주장이 수긍되는 작금의 상황입니다.

보고 듣고 배운 게 한정적이고 같으니 다양한 사고를 할 수 없는 것 또한 당연한 결과입니다.

15

미래의 어느 순간 이번 기회를 살리지 못한 것을 후회할 것 같은 생각이 든다면, 그 기회를 반드시 살려야 한다.

- **제프 베이조스**(아마존 창업자이자 초대 CEO) -

제프 베이조스는 '지금까지 한 번도 혁신을 멈춘 적이 없는 기업인'이라는 찬사를 받는 아마존 닷 컴 창업자 겸 초대 CEO입니다. 그는 늘 안정된 현재가 아닌 미래의 가능성에 자신의 삶을 투자하고 있습니다. 그의 성공신화도 그의 도전적인 삶이 가져온 필연적인 결과물이라고 할 수 있죠. 그는 D. E. Shaw & Co.의 부사장으로 있을 때 온라인 서점의 비전을 확신했지만, 사장이 동의하지 않자 과감히 사표를 던지고 모두의 비웃음을 뒤로한 채 가장 큰 오프라인 서점보다 10배 이상 큰 규모의 초대형 온라인 서점을 만들겠다는 계획을 세웠습니다. 그렇게 창업한 온라인 서점이 바로 오늘날 연 매출 5,140억 달러(2022년)를 올리는 아마존 닷 컴입니다.

가슴 설렐 정도로 하고 싶은 일이 있는데 망설여지나요? 이때의 판단 기준은 미래의 자신이 되어야 할 것입니다. 훗날 후회할 것 같다면 망설이지 말고 바로 실행하세요. 실행하지 않으면 그 일이 눈을 감기 전 '꼭 해 볼걸…' 하는 한이 될지도 모릅니다.

"해도 후회, 안 해도 후회"라는 말이 있죠. 어차피 후회하게 될 거라면 해보는 것이 낫지 않을까요?

16

나는 1%의 가능성에서도 인생의 성공을 본다.

- **조 지라드**(미국 자동차 세일즈맨) -

고교 중퇴가 학력의 전부인 한 남자가 회사의 인사담당자에게 끈질기게 취업을 부탁하고 있었습니다.

"일반 직원이 안 된다면 조수라도 좋습니다. 아니면 육체노동을 하는 짐꾼이나 청소부라도 필요하지 않으세요?"

하지만 담당자는 단호하게 거절했습니다.

"죄송합니다. 오히려 감원해야 할 형편입니다."

결국 남자는 체념한 듯 말했습니다.

"그러면 지금 꼭 필요하시겠네요? 이거라도 구입해 주세요."

그러고는 가방에서 팻말 하나를 꺼냈습니다. 거기에는 이렇게 쓰여 있었습니다. "더 이상 직원채용 계획 없음!" 담당자는 웃음을 터뜨리며 그 남자를 영업부에 채용했습니다.

이후 그는 15년간 13,000대의 자동차를 판매하는 등 12년 연속 세계 최고의 자동차 판매왕으로 기네스북에 오르는 기록을 남겼습니다. 바로 그는 샐러리맨의 전설, 조 지라드입니다.

비관적인 상황에서도 결코 낙담하지 않고 유머와 여유를 부릴 수 있는 성격, 그 자체가 최고의 재능일 수도 있습니다.

작은 일에도 쉽게 좌절하고 실망하는 성격에는 약도 없습니다!

17

다른 업종의 기업이 경쟁자로 등장할 경우 손을 쓸 수 없는 상황이 되는 경우가 허다하다.

- **우치다 카즈나리**(교수, 경영 컨설턴트) -

일본의 와세다대학교 교수이자 명망 있는 경영전략 컨설턴트인 우치다 카즈나리 교수는, 요즘은 동종업계의 라이벌들과 경쟁에서 이겼다고 해서 살아남을 수 있는 시대가 아니라고 합니다. 예를 들면, 잘나가던 음반업체가 몰락한 이유는 라이벌 음반업체와의 경쟁에서 밀린 것 때문이 아니라, IT산업의 발달이 가져온 음원 다운로드에 따른 것이고, 또한 후지필름이 비필름 사업 분야로 전환할 수밖에 없었던 이유도 필름 제조업계의 경쟁사 때문이 아니라 디지털카메라의 등장 때문이라는 것이죠.

예전에는 세계 1위인 경쟁사보다 더 나은 기술을 개발하면 성공은 보장된 것이었지만, 누가 경쟁상대가 될지 알 수 없는 요즘에는 기술 하나에만 집중하면 자연히 경쟁력을 잃을 수밖에 없습니다. 소니의 워크맨이 사라진 이유는 기술력이 부족해서가 아니라 애플의 '아이팟'이라는 전혀 다른 종류의 제품이 등장했기 때문입니다.

세상의 흐름을 주시하고 환경의 변화에 따라 언제든 기업의 전략을 바꿀 준비가 되어 있어야 살아남을 수 있을 것입니다.

1979년 첫선을 보인 후 2억 대 이상 판매된 소니의 워크맨이 31년 만에 단종되었죠. 요즘의 스마트폰만큼이나 머스트 해브 아이템이었는데 말이죠.

18

바다 건너 저편에 무한한 기회가 널려 있다.

- **차석용**(LG생활건강 전 CEO) -

LG생활건강의 차석용 전 CEO는 M&A의 귀재, 미다스의 손 등으로 불립니다. 그가 취임한 이후 5년간 LG생활건강의 매출은 연평균 16%, 영업이익은 34% 증가했으며 주가는 무려 15배나 올랐으니 이런 평가도 무리는 아니겠죠. 이 회사는 지난 2007년 코카콜라베버리지컴퍼니를 사들이며 음료사업에 본격 진출하더니, 2010년엔 더페이스샵을 인수하며 화장품의 세계시장 공략에도 적극 나섰습니다. CEO 재임 중 그는 당시 LG생활건강의 국내 시장점유율이 이미 25%가 넘었어도 해외에서는 0.1%가 안 된 만큼, 진짜 기회는 바다 건너 해외에 있다고 보았습니다.

우물 안 개구리 식의 사고방식으로는 큰 기회가 있어도 보지 못하고 지나치기 쉽습니다. 교통과 통신의 발달로 세계가 하나가 되고 있고 사람들도 세계시민으로서의 준비를 진행하고 있는 이때, 국가라는 작은 틀에 얽매여서는 이룰 수 있는 것에 분명히 한계가 있을 것입니다. 국내에서는 이미 포화상태일지라도 제3세계를 비롯한 세계로 눈을 돌리면 아직도 무한한 기회가 있습니다. 국내시장 석권보다는 세계시장 점유율 10%를 목표로 매진, 또 매진!

혹시 우물 안 1위를 100번 하는 것에 만족하고 있지 않나요? 이제는 우물 밖으로 뛰쳐나갈 때입니다.

19

좋아하는 것을 하고, 다른 사람들과 협동하고, 당신의 꿈을 따라가라.

- **힐러리 클린턴**(미국 전 국무장관) -

연이은 세계대전과 한국전쟁, 베트남전쟁 등으로 20세기 중반까지 우리나라는 혼란과 궁핍함 속에서 생존을 위한 새로운 출발을 해야만 했습니다. 우리나라뿐만 아니라 당시에는 많은 나라들도 무에서 유를 창조해야 하는 시기를 거쳤고, 그러기 위해서는 이미 앞서가고 있는 선진국이나 선진기업들을 최대한 빨리 좇아가는 길만이 유일한 생존전략이었죠. 지금은 조금씩 사라져가고 있지만, 같은 물건을 남보다 더 짧은 기간에 더 저렴하게 만들어 생존하기 위해서는 우리에게 '빨리빨리'가 최선책이었습니다.

하지만 최근의 상황은 전혀 다르게 변했습니다. 고도의 기술을 적용하거나 남과 조금이라도 다른 제품을 만들어 내게 되었으며, 조직은 분업을 바탕으로 한 '시스템'에 따라 움직이게 되었습니다. 오래도록 사랑받고 실력으로 인정받는 장수기업을 한 가지 기술력만으로 유지할 수 없는 시대가 된 것입니다.

이럴 때일수록 머리를 맞대고 아이디어와 아이디어를 융합하는 통섭의 힘이 필요합니다. 타인을 존중하고 협업할 수 있는 능력을 바탕으로 한 '전문성', 그것이 이 시대가 요구하는 능력일 것입니다.

당신이 무슨 성취를 이루든 누군가 당신을 도왔음을 잊지 마십시오.

20

다수에 속해 있다면, 그건 자신을 변화시킬 때가 되었다는 의미다.

- **마크 트웨인**(미국 작가) -

세상의 변화가 워낙 빠르다 보니, 인류의 문화를 좌우하는 패러다임도 하루가 멀다 하고 급변하고 있습니다. 이런 변화를 읽지 못하면 누가 되었든 한순간에 몰락하는 것을 실제로도 종종 목격하게 되죠. 정치 공론화의 장이 신문이나 방송을 넘어서 SNS로 확산되고 튀니지, 이집트, 리비아 등의 독재 권력자들이 하루아침에 몰락한 것도 역사의 흐름과 국민의 의식수준의 변화를 파악하지 못해서였습니다.

자신이 해야 할 일이나 관심을 가져야 하는 대상에 대해 끊임없이 생각하고 고민하는 것이 때론 고통스럽지만 즐거운 과정입니다. 왜냐하면 어떤 대상으로부터 사랑받기 위해 최선의 노력을 다하다 보면, 자신이 지향하는 지점을 찾게 될 것이고 자연히 그 대상이 원하는 것을 짐작할 수 있게 되기 때문입니다. 변화하는 세상의 흐름을 파악하는 데 이보다 더 좋은 과정은 없습니다.

흐르는 물결을 따라가면 순항하던 배가, 물결을 거스르면 가라앉기 십상이죠. 사람들의 '마음의 동선'을 파악하는 것이 중요한 이유입니다.

삶도 일도, 결국 '상대방의 마음을 얻는 일'에서 시작하고 끝이 납니다.

21

실패에 대해 걱정하지 마라. 한 번만 제대로 하면 된다.

- **드류 휴스턴**(드롭박스 공동창업자) -

혹시 KS마크라고 아시나요? 과거 경기고와 서울대 졸업은 대한민국에서 제일 잘나가는 엘리트 코스로 이름을 떨쳤죠. 지금도 우리 사회의 지도층에서 KS 출신들을 심심치 않게 찾아볼 수 있습니다. 엘리트 코스는 한때의 낙오도 용인치 않는 세상이 만들어 낸 프레임입니다.

하지만 세상을 둘러보면 과정마다 매번 성공해야만 성공이 보장되는 것이 아님을 쉽게 볼 수 있습니다. 오히려 에디슨처럼 실패를 통해 강한 내공을 쌓아 최고의 성과를 내는 경우가 더 많죠. 애플의 스티브 잡스도 한때 실적 부진에 대한 책임을 지고 애플사를 떠난 적이 있었지만 결국 애플의 상징이 되지 않았습니까. 단순히 성과만 가지고 실패자라는 낙인을 찍는다면 언젠가는 대부분의 사람이 그 낙인을 받게 될 것입니다. 타인을 보는 시야뿐 아니라 본인 스스로도 실패에 대해 의연할 줄 알아야 할 것입니다.

실패는 누구나 합니다. 어린아이가 수없이 넘어지고 걸음마를 배우듯, 실패는 우리를 걷고 달릴 수 있게 하는 또 하나의 힘입니다.

하나의 '틀'에서 벗어나면 안 된다는 불안감을 버리세요. 세상에는 수없이 많은 인생, 수없이 많은 길이 존재합니다.

22

규칙을 따르되 과감하라.

- **필 나이트**(나이키 창업자) -

미국 워싱턴주의 소도시인 스포캔에 있는 한 은행지점에서는 거래를 마친 고객들에게는 주차료를 받지 않았지만, 거래하지 않은 고객에는 60센트의 주차료를 징수했습니다.

어느 날 한 단골고객이 은행에 상담차 방문했으나 거래로 이어지지는 않았고, 그는 결국 주차장에서 60센트를 내라는 요구를 받았습니다. 기분이 상한 이 고객은 지점장에게 항의했으나, 정책상 어쩔 수 없다는 대답만 들어야 했죠. 시애틀 본사에 확인했지만 본사 여직원도 각 지점에서 알아서 하는 일이라며 이를 가벼이 넘겼습니다. 결국 화가 난 고객은 자신의 예금 250만 달러를 전부 인출해 버렸다고 합니다.

기업 활동을 할 때 사업계획이나 회사내규 등은 기본적으로 합리적이며 필요한 경우가 많습니다. 하지만 절대불변의 원칙이란 없습니다. 계획이나 규정은 미래에 벌어질 모든 상황을 빠짐없이 예측하고 만들 수 없는 것이기 때문입니다.

원칙에서 크게 벗어나지 않는 한, 경영에 있어 사고의 유연성은 꼭 갖춰야 할 태도입니다.

계획의, 계획에 의한, 계획을 위한 활동이 되면 기계와 다를 바 없겠죠.

23

보스가 좋아할 것인지 싫어할 것인지에 대해 끊임없이 걱정하는 것만큼 조직을 빨리 퇴보시키는 것은 없다.

- **도요타 기이치로**(도요타 창업자) -

『삼국지』에 나오는 장비는 부하들을 군기로 다스리며 실수나 잘못에 대해 가차 없이 징계를 내렸던 리더로 알려져 있습니다. 처음에는 이런 방식이 효과를 발휘해 장비의 부대는 대단히 일사불란하게 움직이는 훈련 잘된 부대로 칭송되었죠. 하지만 부하들 대부분이 마음속으로 장비를 증오하고 있었고, 결국 얼마 안 가 장비는 적이 아닌 부하에게 죽임을 당했습니다. 이는 유비가 몰락한 이유 중의 하나이기도 합니다. 장비의 조직은 겉으로는 강하게 보였을지 몰라도 속으로는 공포와 분노로 썩고 있었던 것입니다.

리더가 권위의식을 버리고 부하들의 자율을 보장해 주는 조직은 겉에서 보기엔 체계도 없고 오합지졸로 보일 수 있습니다. 하지만 속을 들여다보면 상호 간의 끈끈한 유대감을 바탕으로 자율성을 존중하는 건강한 조직인 경우가 많습니다.

일사불란한 위태로움과 유대감에 기초한 자율성, 당신은 어떤 조직문화를 택하시겠습니까?

만약 유비가 중간관리자인 장비의 잘못된 리더십을 바로잡았더라면, 조직의 몰락을 막을 수 있었을지도 모릅니다.

24

최고경영자가 고객을 모르고 경영하는 것은 마치 눈을 감고 경영을 하는 것과 같습니다.

- **박순호**(세정그룹 회장) -

인디안, 올리비아로렌, NII, 크리스크리스티, 웰메이드 등의 브랜드로 유명한 세정그룹의 박순호 회장은 기업의 규모가 커진 지금도 전국의 대리점을 일일이 순회하면서 고객들로부터 품질과 디자인, 트렌드, 원하는 서비스 등에 대해 듣고 철저히 분석하여 제품의 개발과 생산에 반영한다고 합니다. 세정그룹은 1974년 창업한 이래 한 브랜드로 50년 가까이 장수한 (주)세정을 주축으로 한 기업입니다. 이러한 사례는 패션업뿐만 아니라 국내 타 업종에서도 매우 드문 일이며, 지난 50년간 꾸준히 매출을 신장시켜 명실상부한 국내 토종 패션브랜드로 성장한 기업이죠. 이 놀라운 성과의 바탕에는 박순호 회장의 현장 중심 경영을 빼놓을 수 없을 것입니다.

성공과 실패를 가르는 것은 '최선'과 '열심'의 차이가 아닙니다. 최선을 다해 열심히 하고도 실패하는 경우가 많습니다. 결정적인 요인은 고객의 니즈를 파악하고 그에 부응하느냐, 못하느냐의 차이일 것입니다. 누구나 고객 분석을 하지만, 탁상공론에만 그친 고객 분석은 괜한 시간과 노력의 낭비일 수도 있습니다.

상대의 마음을 헤아리고 그에 부응하기 위해 노력하는 자세는 기업뿐 아니라 가정과 사회 전 분야에서도 꼭 필요합니다.

25

주변에 좋은 팀 없이는 CEO도 성공할 수 없습니다, 절대로.

- **프랑크 아펠**(DP DHL 전 회장) -

세계적인 물류회사 DHL로 유명한 DP(도이치포스트) DHL은 자기들 소유의 포스트방크를 리먼브러더스가 몰락하기 이틀 전 도이치방크에 매각했습니다. 조금만 더 지분을 들고 있었다면 큰 손실을 볼 수도 있는 상황이었죠.

여러 가지로 매각이 어려운 상황이었지만 결과적으로 성공하였고, DP DHL의 프랑크 아펠 회장은 대단히 운이 좋은 경영인으로 평가받기도 했습니다. 하지만 프랑크 아펠 회장은 모든 공을 매각 협상 팀에 돌렸습니다.

당시 DHL의 매각 협상 팀에는 이미 3개월 전에 퇴직해야 했던 65세의 남자 직원과 출산휴가를 떠나야 할 젊은 여성 직원이 있었습니다. 그들은 협상을 마무리하고 떠나기 위해 끝까지 남아서 최선을 다했고, 마침내 목표였던 협상을 성사시켰죠. 만일 그들이 중간에 떠났다면 회사는 큰 손실을 보았을 것입니다.

아무리 뛰어난 리더라도 책임감과 애사심 있는 동료 없이는 결코 성공할 수 없습니다. 오히려 그런 동료가 있기에 평범한 리더가 성공한 리더로 평가받게 되기도 하죠.

이쯤 되면 운도 실력이라고 해야겠네요!

26

덩치 큰 기업이 언제나 작은 기업을 이기는 것은 아니지만 빠른 기업은 언제나 느린 기업을 이긴다.

- **존 체임버스**(시스코시스템스 전 CEO) -

모토로라, 노키아, 제록스, GM, 포드 등 덩치만 큰 이른바 공룡 기업들은 시장의 변화에 재빠르게 대처하지 못해 심각한 위기를 겪는 경우가 많습니다. 규모가 크면 기업경영 전반에 걸쳐 하부구성원들까지 의사전달이 어려워져 참신하고 다양한 아이디어의 활용 가능성이 떨어질 뿐 아니라, 시장의 변화를 감지한 뒤에도 대응이 늦고 기업의 투명성이 떨어지는 등 도태될 수밖에 없는 요인들이 많아지기 때문이죠. 또한 규모가 큰 기업들은 과거에 대성공을 거둔 경험이 있는 경우가 많으므로, 과거의 영광에서 쉽사리 벗어나지 못하는 것도 한 원인이 되기도 합니다.

부실 계열사가 많은 대기업이 한순간에 여러 계열사의 부채로 무너지는 모습을 우리는 많이 보아왔습니다. 기업의 외형확대가 반드시 그 기업의 생명력과 비례한다고 볼 수는 없다는 것이죠. 하지만 내실 있는 중소기업을 만들어 변화에 신속 유연하게 대처하는 능력을 가진 조직으로 키우면, 그 기업의 생명력은 당연히 길어질 수밖에 없습니다.

스포츠에서도 큰 덩치보다는 빠른 속도와 정확성이 훨씬 중요한 법이죠.

27

재산의 1%를 나한테 쓴다고 더 행복해지지 않는다. 반면 나머지 99%로 다른 사람들에게 엄청난 행복을 줄 수 있다.

- **워런 버핏**(버크셔 해서웨이 CEO) -

오늘날 활발한 기부활동을 펼치고 있는 빌 게이츠, 워런 버핏, 리처드 브랜슨, 잭 웰치 등 세계적인 기업인들과 더불어 MS의 '기빙 매치 프로그램', GE의 '앨펀 소사이어티', UPS의 '이웃과 이웃', 존슨 & 존스의 '건강관리 시스템', 교보생명의 '다솜이 간병봉사단', 유한킴벌리의 '우리 강산 푸르게, 푸르게' 등 수많은 기업이 다양한 방법으로 사회공헌을 실천하고 있습니다. 지속적으로 성장하는 기업이 되고 싶으면 존경받는 기업이 되어야 합니다. 이제는 기업의 사회공헌 활동은 상식으로 받아들여지는 시대이기 때문이죠. 존경받는 기업이 되려면 먼저 경영자부터 기업에 사회적 책임이 있음을 인식하고 그 의무를 다하기 위해 노력해야 할 것입니다.

실력만이 유일한 경쟁력이라는 스포츠의 세계에서도 도덕적인 문제로 선수 생명이 끝나는 경우를 종종 봅니다. 하물며 대중의 선택을 받아 생존하는 기업은 두말할 필요가 없을 것입니다. 대중들의 뇌리에서 비윤리적, 부도덕 등 나쁜 이미지로 인식되는 순간 그 기업은 이미 몰락한 것과 다를 바 없습니다.

사람이든 기업이든 존경받지 못하면 오래갈 수 없습니다.

28

모두가 원하지만 아무도 하지 않는 일에 도전하라.

- **마크 저커버그**(페이스북, 메타 회장) -

개발한 제품 중 95%는 실패해야 한다는 '실패목표율'이라는 지표가 있는 회사에 대해 들어본 적이 있나요? 이 회사는 바로 대만의 삼성전자로 불리는 HTC입니다.

1997년에 창업하여 '넥서스 원', '디자이어', 'EVO 4G' 등으로 유명해진 HTC의 개발팀에는 개발한 제품 중 95%는 실패해야 한다는 '실패목표율' 지표가 있습니다. 95%의 실패를 두려워하지 않아야 5%의 성공제품을 만들 수 있고, 이 5%의 성공제품이 기업의 운명을 가른다는 신념을 바탕으로 한 것이죠.

이런 기업문화 덕에 HTC는 최초의 손바닥 크기 컬러PC(1999년), 최초의 마이크로소프트 포켓PC(2000년), 최초의 마이크로소프트 스마트폰(2005년), 최초의 구글폰 G1(2008년) 등 수많은 '세계 최초'를 탄생시킬 수 있었습니다.

전례 없는 일이라며 시도조차 못 하게 하는 경영진이 있는 기업은 문을 닫을 때까지 한 번도 세계 최초의 제품을 생산할 수 없습니다. 전례를 따지지 말고 언제든 새로운 도전에 나서야 남이 가지 않은 길을 개척할 수 있을 것입니다.

인류의 역사를 바꾼 이들이 가진 공통점은 바로 실패와 도전이었습니다.

29

기업 인수는 그 자체가 목적은 아니지만 빠른 속도로 기술 및 제품 경쟁력을 갖출 수 있는 수단이다.

- **박용만**(두산그룹 전 회장) -

두산그룹은 대한민국 최장수 대기업입니다. 1990년대까지 기술소재사업, 정보유통사업, 생활문화사업 등 여러 분야에서 사업을 영위하던 두산그룹이 빠른 시간에 소비재기업에서 중공업그룹으로 탈바꿈할 수 있었던 데는 관련 기술을 보유한 기업들의 인수합병 전략이 큰 역할을 했습니다. 한국중공업을 시작으로 고려산업개발, 대우종합기계, 두산 하이드로테크놀로지, 두산밥콕, 미국 CTI, 밥캣 등 원천기술을 가진 기업들을 인수해서 사업방향을 성공적으로 전환할 수 있었죠.

목표로 하는 산업의 원천기술을 확보하기 위한 인수합병과 단순한 기업사냥은 같을 수 없습니다. 단순한 기업사냥은 그 자체가 목적이지만, 기술 확보를 위한 인수합병은 그것을 바탕으로 본격적인 활동을 시작하기 위한 것이기 때문이죠.

모든 환경이 급변하는 시대를 극복해 나갈 수 있도록 경쟁력을 높이기 위해서는 모든 가능성을 고려하는 오픈 마인드가 필요해 보입니다.

인간관계에서도 편견 없이 오픈 마인드로 상대를 대하는 것이 중요합니다.

30

이제는 한 명의 천재가 아닌 여러 분야의 전문가들이 힘을 모아 하나의 큰일을 이루는 시대가 되었다.

- **안철수**(안랩 전 CEO, 국회의원) -

현대사회는 정치와 경제, 과학, 역사, 인문 등을 따로 떼어놓고 생각할 수 없는 시대이며 국가 간의 국경조차도 의미가 퇴색되어 가는 등 점점 복잡다단해지고 있습니다. 자연히 한 사람의 천재에 의존해 경쟁력을 유지할 수 있던 과거와 달리 다방면의 인재들이 힘을 합쳐야 경쟁력을 확보할 수 있게 된 것이죠.

아무리 좋은 생각이라도 동료들과 공유할 때 더 좋은 성과로 이어질 수 있습니다. 이를 위해서는 다른 분야의 사람들에게 자신의 전문지식을 정확하게 전달할 수 있어야 하고, 또 다른 분야 사람들이 하는 이야기도 정확하게 이해할 수 있어야 합니다.

이런 소통능력이 없이는 자신이 맡은 부분의 일은 잘 해낼지 몰라도 그 일의 결과를 다른 사람에게 전달해서 더 높은 수준의 성과로 이끌어 내지 못할 것은 충분히 예측 가능한 일이죠. 이것이 바로 최근 많은 경영전문가가 기업이 필요로 하는 인재의 첫 번째 기준으로 협업능력, 소통능력을 꼽는 이유가 될 것입니다.

"저 사람이랑 진짜 말 안 통해!"라고 분통을 터트리기 전에, 혹시 내가 잘못 설명한 건 아닌지 되돌아보는 자세가 필요합니다.

31

위대한 리더보다 완벽하지 못한 리더와 함께 성장할 수 있는 조직과 시스템이 더 중요하다.

- **게리 하멜**(미국 경영 컨설턴트) -

오르페우스 챔버 오케스트라는 1972년 설립된 관현악단입니다. 이 관현악단에는 특별한 원칙이 있는데, 그것은 바로 지휘자가 없다는 것입니다. 그러다 보니 매번 진행을 담당하는 리더를 동료들이 선출하는데, 곡의 선정이나 연습 과정에서 모든 단원이 의견을 제시하고 결과에 강한 책임감을 가질 수밖에 없습니다. 연주 준비에는 일반 관현악단보다 약 3배의 시간이 더 걸리지만, 음악에 대한 이해와 해석에서 모두가 리더십을 가지고 참여하기 때문에 자부심과 애정이 대단히 클 수밖에 없겠죠.

아무리 뛰어난 단원이라도 오직 지휘자가 요구하는 음악만을 강요받으며 해석과 표현에 있어 자신의 주장을 펼칠 수 없다면 살아있는 연주라고 보기 어려울 것입니다. 오르페우스는 단원 모두가 리더십을 공유하는 민주적 조직 운영 방식을 통해, 지금도 많은 기업의 리더십에도 귀감이 되고 있습니다.

각자가 모두 지휘자인 듯이 자신의 직무에 대해 자부심과 의미를 느끼게 될 때 이처럼 동기부여는 저절로 이루어질 것입니다.

때로는 사공이 많다고 무조건 산으로 가는 것은 아닙니다. 각자의 의견을 귀담아들어야 할 때도 있는 것이지요.

32

싸워서 반드시 이긴다는 것은 최상의 용병(用兵)이 아니다. 싸우지 않고 적을 굴복시키는 것이 최상이다.

- **손자**(춘추시대 군사전략가) -

흔히 "지피지기(知彼知己)면 백전백승(百戰百勝)"이라는 말을 합니다. 하지만 이 말의 출처로 알려진 『손자병법』에는 이 구절이 없습니다. 수많은 인명의 희생과 물자의 소진, 원한의 양산 등이 수반되어야 하는 전쟁 자체를 지양해야 하므로 『손자병법』에서는 100전 100승의 의미를 크게 보지 않는 것입니다.

하지만 현실은 어떨까요? 동종업계의 기업들과의 경쟁을 전쟁으로 표현하고 하청 업체나 직원들을 착취의 대상으로 여기며 소비자의 주머니에만 관심을 두는 등 이윤 창출에만 혈안이 되어 있지는 않은가요?

세상은 혼자 살 수 있는 곳이 아니며 승자독식이 지속되는 사회는 결코 오래가지 못함을 역사를 통해 배웠습니다.

그렇다면 최고의 가치 있는 승리는 무엇일까요? 당연히 싸움 없이 상대방을 짓밟지 않고 얻고자 하는 바를 얻어내는 '상생'을 말합니다. 협력업체 파트너와 동반성장, 이것이 모든 리더가 꿈꾸고 실천해야 할 최고의 가치인 것입니다.

꿈같은 얘기라고요? 꿈은 이루어지는 것이랍니다.

33

요즘 사람들은 잘못이 있어도 남이 바로잡아 주는 것을 기뻐하지 않는다. 이는 마치 '호질기의(護疾忌醫)'와 같다.

- **주돈이**(북송시대 유학자) -

"병이 있는데도 의사한테 보여 치료받기를 꺼린다."라는 뜻의 '호질기의(護疾忌醫)'라는 말이 있습니다. 중국 북송시대의 유학자이자 송학의 시조로 불리는 주돈이가 남의 충고를 귀담아듣지 않는 세태를 비판하며 한 말이죠.

기업을 경영하는 경영자가 가장 경계해야 하는 것 중 하나가 '호질기의'가 아닐까요. 직원들의 다양하고 자유로운 의견과 고객들의 소소한 불만을 귀담아듣지 않으면 머지않아 심각한 위기를 겪게 될 것임은 자명한 사실입니다.

조직이 크든 작든 리더라면 항상 겸허한 마음으로 마음의 귀를 열어놓고 있어야 합니다. 가장 높은 자리에 있다 보면 달콤한 말에만 익숙해지기 쉬워, 궁궐 속에만 있던 왕들이 신문고를 설치하거나 암행어사를 파견하여 민심을 살폈던 이유도 그것에 있습니다. 그래야 위험을 알리는 신호든 기회를 알리는 신호든 듣고 준비할 수 있을 테니까요.

직언해 주는 사람이 있을 때가 가장 행복한 것임을 많은 사람이 모르고 있죠.

34

나는 책략가인 장량과 행정가인 소하, 장수인 한신을 따를 수 없다. 하지만 나는 이 세 사람을 제대로 기용할 줄 안다.

- **유방**(한나라 초대 황제) -

『초한지』로 유명한 초나라의 항우와 유방은 흔히 말하는 스펙에서는 상대가 되지 않았습니다. 항우가 개인의 능력과 가문 등 겉으로 보이는 모든 면에서 유방보다 월등했기 때문이죠. 하지만 결국 패권은 유방이 차지했습니다.

모든 면에서 뛰어났던 항우는 타인의 말에 귀 기울일 줄 몰랐으며 타인의 마음을 얻기 위해 노력하지도 않았습니다.

반대로 유방은 자기의 능력에만 의존하기보다는 장량, 소하, 한신 등 뛰어난 인재들을 알아보고 그들을 중용하기 위해 최선의 노력을 다했습니다.

진정한 리더는 스스로 뛰어난 재능을 선보이는 것이 아니라 동료가 맘껏 재능을 펼칠 수 있도록 자리를 마련해 줍니다.

역사적으로 승자와 패자의 차이는 사람의 마음을 다스리는 능력의 차이였으며, 이는 현재와 미래에도 변함없을 것입니다.

"보스는 '가!'라고 말하지만, 리더는 '가자!'라고 말한다."라는 맥아더 장군의 말이 떠오르는군요.

35

남들이 매년 목표성장률, 이윤 같은 '숫자'를 내세울 때 우리는 '품질'을 강조합니다.

- **에릭 토마**(에르메스 전 회장) -

가방, 보석, 의류 등의 분야에서 '명품 중의 명품'으로 불리는 프랑스 '에르메스'의 에릭 토마 회장은 품질에만 집중했더니 최상급 브랜드 이미지와 이윤이 저절로 창출되었다고 말합니다. 기업경영에 있어서 품질의 절대성을 강조한 것입니다. 그에 따르면 에르메스는 조금의 흠만 발견돼도 가격에 상관없이 그 제품을 폐기 처분한다고 합니다. 에르메스의 이런 품질경영은 경쟁업체들조차 인정하고 있는 것으로 유명합니다.

수많은 명품브랜드를 거느리고 있는 루이비통의 아르노 회장 같은 경우엔 수년 전부터 에르메스를 인수 합병하기 위해 애쓸 정도로 에르메스에 대한 관심이 대단하다고 하죠.

기업의 경영에는 수많은 전략이 있습니다. 하지만 경영에서 품질보다 더 우선시되는 전략은 있을 수 없습니다. 최고의 품질이 아니고서는 아무리 좋은 경영전략을 내세워도 오래가지 못할 것이 명약관화하기 때문입니다.

경영전략을 짜느라 고심하기보다 최고의 품질을 확보하는 데 전력을 기울이면 나머지는 저절로 뒤따르겠죠?

36

당신의 실수에서 교훈을 얻어라.

- 크레이그 뉴마크(Craigslist 창업자) -

자연과학 분야에 몸담은 사람들은 수없이 많은 실험을 일상으로 삼고 있습니다. 그 실험의 90%는 실패한다고 알려져 있죠.

이때 실패에 좌절하거나 동료나 주변 사람들에게 변명하지 않고, 얼른 실패를 인정하며 실패의 원인으로 추측되는 사항들을 점검한 뒤 계속해서 다시 시도해야 결과를 얻어내는 데 성공할 수 있다고 합니다.

모든 분야에도 이와 같은 원리가 적용되지 않을까요. 정치인이든 경영인이든, 그들이 내리는 모든 결정이 완벽하고 옳을 것이라고 생각하는 사람은 아무도 없습니다.

중요한 것은 실수를 했을 때 즉시 인정하고 시정해 나가는 자세겠죠. 그래야만 관계된 많은 사람에게 좋은 이미지를 줄 수 있을 것이고 또한 그들의 이해와 지지를 받을 수 있게 될 테니까요.

모든 조직과 인류는 완벽해 보이는 사람보다 진솔한 사람을 더 원합니다.

손바닥으로 하늘을 가리면? 얼굴이 손바닥 모양만큼 빼고 타게 되겠죠.

37

우리는 기술자들에게 얼마나 많은 제품을 만들어 냈는지 묻는 대신, 얼마나 완벽한 물건을 만들어 내는지를 따집니다.

- **이브 카르셀**(루이비통 전 CEO) -

전 세계 여성들의 로망에서부터 시작하여 많은 기업에게까지 로망이 된 명품 브랜드가 있습니다. 바로 'L', 'V'로 상징되는 루이비통입니다.

매출액, 시가총액, 브랜드 가치 등에서 명실상부한 전 세계 명품업계 1위에 올라 있는 루이비통은 고가임에도 불구하고 수요가 많아 공급량이 항상 부족하다고 합니다. 그런데도 대량생산 방식이 아닌 온전히 장인들이 수작업으로 만드는 시스템을 고수하고 있죠.

또한 루이비통은 공장 대부분을 프랑스 등 유럽에 두는데, 이렇게 하면 더 많은 물건을 팔수는 없지만 더 완벽한 물건을 팔수 있다고 말합니다. 인건비가 싸다고 공장을 대륙이 다른 중국 등에 둔다는 것은, 제품의 품질을 고려할 때 절대 있을 수 없는 일이라고 못박은 것입니다.

이런 장인정신이 있었기에 세계인들은 오늘날 루이비통을 '명품 중의 명품'으로 인정할 수 있었나 봅니다.

이에 반해 도요타 자동차는 2009년 과도한 원가절감과 해외 생산거점 확대로 1,200만 대가 넘는 대량 리콜 사태를 야기하며 위기에 처했지요.

38

우리는 휴식이란 쓸데없는 시간 낭비가 아니라는 것을 알아야 한다. 휴식은 곧 회복인 것이다.

- **데일 카네기**(미국 작가) -

운동생리학에는 "휴식도 훈련이다."라는 말이 있습니다. 메이저리그에서 활약했던 추신수 선수도 휴식을 취해야 좋은 성적을 낼 수 있다고 말하기도 했죠.

"건강한 신체에 건전한 정신이 깃든다."라는 말처럼, 피로가 쌓인 신체에서 창의성이나 통찰력이 나오기를 기대할 수는 없습니다. 쉴 땐 모든 업무적인 생각을 접고 푹 쉬고, 일할 땐 일에만 집중해서 일하는 것이 높은 성과를 낼 수 있는 방법인 것입니다.

일이 안 풀린다면 때론 일상을 벗어나 몸과 마음에 찌든 때를 말끔히 털고 새로 시작하는 것도 좋은 방법입니다. 신기한 것은 목욕탕에서 몸의 때만 말끔히 벗겨도 복잡한 머릿속이 개운해진다는 점이죠. 그만큼 몸과 정신은 밀접하게 관계되어 있습니다.

휴식과 나태는 다른 말이니 휴식할 때 '내가 지금 이래도 되나?' 하는 근심은 가차 없이 버리세요. 그리고 창조의 힘은 온전한 휴식에서 나온다는 것을 꼭 기억하세요.

기계도 오래 쓰면 고장이 잦아지는 것처럼 몸도 적절한 휴식을 취해야 더 건강한 삶을 살 수 있겠지요.

39

R&D는 항상 시장의 필요에 입각해야 하며, 이는 연구소에만 갇혀 있어선 안 된다는 의미다.

- **채드 홀리데이**(듀폰 전 회장) -

듀폰은 1802년 창립된 미국의 다국적 화학회사로 세계 최초로 나일론 스타킹과 칫솔을 만들어 파는 등 세계적인 종합화학회사 자리를 지켰던 기업입니다. 그러나 지난 2001년에는 매출액이 전년 대비 13%나 감소하며 위기에 빠진 적이 있었지요. 이때 듀폰의 채드 홀리데이 회장은 연구실에만 박혀 있던 과학자와 엔지니어가 세상을 둘러보며 사람들과 시장을 직접 접할 수 있도록 국내외 여행길을 마련해 주었습니다. 침체를 거듭하던 듀폰이 다시금 도약하게 된 터닝 포인트가 바로 그때부터였죠.

글로벌 금융위기로 많은 기업이 어려움을 겪고 있던 2008년에도 듀폰은 10% 이상 성장했는데, 294억 달러의 매출액 중 36%를 출시된 지 5년 이하인 신제품에서 거두었다고 합니다. 홀리데이 회장의 처방이 대성공을 거두었던 것입니다.

세상을 모르고 어떻게 세상이 필요로 하는 제품을 개발할 수 있을까요? 다양한 경험에서 나오는 아이디어와 개발 능력이야말로, 없는 제품 없이 다 있는 것 같은 이 시대에 가장 필요한 것이라고 할 수 있을 것입니다.

넓은 세상을 걷다 보면, 닫혀 있던 사고가 열리고 새로 도전할 길이 보일 것입니다.

40

크게 생각하고 크게 행동하고 크게 꿈꾸어라.

- **콘라드 힐튼**(힐튼호텔 창업자) -

'코이'라는 비단잉어가 있습니다.

이 잉어는 작은 어항에서는 5~8cm밖에 자라지 않지만 큰 어항으로 옮기면 15~25cm까지 자라고, 아예 강에 놓아주면 1m가 넘게 자란다고 합니다.

이 예에서 어떤 환경을 제공하느냐에 따라 성장 한계가 결정된다는 것을 알 수 있습니다.

사람도 마찬가지입니다. 리더가 만들어 주는 환경에 따라 구성원들의 능력도 달라질 것입니다.

당신의 직원들이 무능하다고 여겨지나요? 그 이유는 당신의 그릇이 작기 때문일 수도 있습니다.

아래 직원뿐 아니라 주변 사람 모두가 무능하다고 느껴진다고요? 그렇다면 당신에게 문제가 있는 게 확실합니다.

당신이 혹 구성원들의 성장을 막고 있는 어항이 되고 있지는 않은가요? 먹이가 풍부하다고 해도 어항이 좁으면 물은 금세 더러워지고 맙니다. 구성원들이 마음껏 능력을 펼칠 수 있는 환경을 만들어 주는 것 또한 리더의 중요한 덕목이 아닐까 합니다.

당신 마음의 크기는 작은 어항입니까? 혹은 연못인가요? 아니면 큰 강인가요?

41

기업에서 가장 위험한 인물은 경영성과는 좋지만 가치관이 없는 사람이다.

- **잭 웰치**(GE 전 회장) -

CEO가 결정해야 하는 일 중에서 채용과 승진심사도 빼놓을 수 없는 중요한 일입니다. 일본에서 살아있는 경영의 신으로 추앙받고 있는 교세라의 이나모리 가즈오 회장은 사람을 평가할 때 가치관, 태도, 능력(실적), 이 세 가지를 중요하게 여겼는데 이들을 합산하는 것이 아니라 곱하기를 했다고 합니다.

즉, 어느 한 가지라도 0이 나오면 총점도 0이 되게 한 것이죠. 만일 비슷한 총점이 나왔다면 그중에서도 우선순위를 실적보다는 가치관과 태도에 두었다고 합니다. 특히 승진을 결정해야 하는 경우엔 더욱 그래야 하겠죠.

관리자가 되면 이전처럼 실무자의 역할이 아닌, 조직구성원들이 더욱 잘할 수 있도록 분위기를 만들어 주는 역할을 해야 합니다.

마치 선수로서의 역할과 코치로서의 역할이 달라지면서 무명선수가 최고의 지도자가 되기도 하고 반대의 경우도 흔한 것과 마찬가지 원리죠. 사람을 알아보는 리더의 안목이 집단의 운명을 가를 수 있습니다.

문제는 사람을 제대로 보는 일이 매우 어렵다는 것이죠.

42

지식과 기술이 집약된 분야의 히든 챔피언이라면 다른 분야보다 훨씬 더 많이 투자해야 한다.

- **헤르만 지몬**(독일 경영학자) -

우리말로 강소기업인 '히든 챔피언'으로 불리는 기업들이 있습니다. 이들은 규모는 작지만 각자 분야에서 세계 최고 위치를 점하고 있으며 계속해서 성장하고 있는 기업들을 말합니다. 이는 유럽의 피터 퍼드낸드 드러커로 불리며, 독일에서 가장 영향력 있는 경영학자인 헤르만 지몬 박사가 만들어 낸 말이기도 합니다.

이들 기업의 특징은 처음부터 목표를 글로벌 마켓으로 설정했다는 것과 한 분야에 모든 역량을 집중해 관련 분야에서 최고의 기술을 확보하고 있다는 것을 들 수 있습니다. 참고로 히든 챔피언들의 매출액 대비 R&D 투자 비중은 6% 정도 됩니다.

요즘은 전 세계가 하나의 시장으로 급속하게 통합되어 가고 있죠. 이런 상황에서는 회사의 규모가 아무리 커도 경쟁력이 어설프다면 미래의 생존을 장담하기 어렵습니다.

자기만의 분야(틈새시장일 수도 있죠)를 찾아 독보적인 기술을 구축할 수 있다면, 현재의 기업 규모와 상관없이 지속적인 생존과 성장이 가능할 것입니다.

기업의 불로초, 멀리서 찾지 마세요. 틈새시장과 기술력이 바로 그것입니다.

43

회사의 힘이 세지 않으면 한 우물만 파야 한다. 힘들다고 자꾸 전문 분야를 바꾸면 성공하지 못한다.

- **홍완기**(홍진HJC 창업자) -

1971년 창업 이래 모터사이클 헬멧 전문업체로 세계적 명성을 유지해 오고 있는 대한민국 토종기업이 있습니다. 바로 홍진HJC입니다. 이 회사의 창업자인 홍완기 명예회장은 성공비결로 "한 분야만 집중적으로 파고들어 이룩한 전문성"을 꼽습니다. 이런 한 우물 파기의 결과로 헬멧에 통풍구를 만들어 바람이 들어와 '시원해지는 헬멧', 가벼우면서도 안전한 '플라스틱 헬멧', 그룹 여행자들끼리 서로 의사소통이 가능케 한 '마이크와 스피커를 설치한 헬멧' 등의 획기적인 상품을 개발할 수 있었고, 마침내 세계 1위 자리에 오를 수 있었던 것이죠.

다양한 분야에서 어설픈 능력을 갖기보다는 한 분야에서 확실한 주특기를 보유하는 것이 무한 경쟁시대의 더 큰 경쟁력입니다. 최근엔 한 분야의 전문가 못지않은 식견을 가진 인터넷 사용자들, 이른바 '파워 블로거'들이 온라인상에서 웬만한 연예인보다 유명해진 현상도 종종 볼 수 있습니다.

홍완기 회장의 말대로 오랜 세월 '한 우물만' 깊게 파고든 마니아층이 인정받을 수 있는 시대가 온 것입니다.

지금부터라도 좋아하는 분야의 마니아가 돼 보는 건 어떨까요?

44

존재하지 않는 시장을 개척하는 대신, 이미 존재하는 분야에서 혁신적인 기술로 시장을 재편하겠다는 전략이 맞아떨어졌다.

- **김영달**(아이디스홀딩스 회장) -

1997년에 자본금 5천만 원으로 시작한 소규모 디지털 영상저장장치(DVR) 개발업체로서 마침내 국내 1위이자 세계 3위에 오른 기업이 있습니다. 바로 국내시장 점유율 50%를 차지하며 세계시장에서는 미국항공우주국(NASA)과 유니버설 스튜디오에 납품하고 있는 아이디스홀딩스입니다.

DVR은 CCTV 카메라, 모니터 등과 더불어 보안사업의 한 축을 담당하고 있는 장비로 향후 계속 성장할 것으로 예상되는 분야죠.

이 회사는 매출의 10%를 연구개발비로 사용하고 있으며 전체 직원 중 절반 가까이 연구개발 인력일 정도로 기술개발에 사활을 걸고 있습니다. 이는 기존기업의 제품들을 능가하는 혁신적인 제품의 출시로 이어졌고 고객들의 선택이 뒤따른 것은 당연한 결과였죠.

세계시장을 호령하고 싶은가요? 그렇다면 혁신적인 기술개발이 그 답이 될 것입니다.

자본이 적다고, 후발주자라고 불평만 하고 있지는 않은지요? 기술만 있다면 세계 1위도 꿈이 아닙니다.

45

신뢰가 있으면 싸게 일할 수 있습니다.

- **김종훈**(한미글로벌 회장) -

국내 1위 건설관리(CM) 회사인 한미글로벌의 김종훈 회장은 협력업체와의 신뢰 구축을 가장 중요한 경영원칙이라고 말합니다. 세계에서 가장 높은 쌍둥이 빌딩인 말레이시아 페트로나스타워, 롯데 월드타워, 상암 월드컵경기장 등을 수주한 감리와 CM 전문기업으로, 김 회장은 '대한민국 100대 CEO' 중 한 명입니다.

지금껏 회사에 유리하고 불리하고를 떠나, 이미 약속한 사항을 반드시 지키는 것은 물론 발주자에게 돈을 못 받았을 때도 협력업체에는 기일을 넘기지 않고 확실하게 대금을 지급하기로 유명하죠. 어쩌면 당연한 일이겠지만, 이는 현실에서 잘 지켜지지 않는 일이기도 합니다.

돈 안 주는 회사로 알려지면 협력업체들이 거래할 때 단가를 올리는 것은 물론이고 여러 가지 조건을 붙이게 마련이지만, 대금을 확실하게 잘 준다고 소문이 나면 당연히 좋은 조건에서 거래가 성사되는 선순환이 반복된다고 합니다.

한번 잃은 신뢰를 다시 쌓아 올리려면 그 몇 배의 비용이 들 수 있다는 점을 흘려보내서는 안 되겠습니다.

'신뢰'는 아무리 많은 돈으로도 살 수 없는 것입니다.

46

서 있으면 죽는다.

- **성규동**(이오테크닉스 CEO) -

'레이저 사관학교'로 불리는 이오테크닉스는 펜 타입 반도체 레이저 마킹 장비, LCD(액정표시 장치) 레이저 트리밍 장비, 반도체의 실리콘 웨이퍼 단계에 사용되는 레이저 마킹 장비 등을 세계 최초로 개발하며 관련 분야에서 세계시장 점유율 50%를 차지하고 있는, 명실상부한 세계 최고의 레이저 장비업체입니다.

1989년 성규동 사장을 포함해 직원 3명으로 시작한 이 회사의 성공비결은 한 마디로 인재와 기술에 대한 끊임없는 투자라고 해도 지나치지 않습니다.

임직원의 40%를 R&D 인력으로 채우고 있으며, 회사 상황이 아무리 어려워도 매출의 10%는 무조건 R&D에 투자했다고 합니다. 이런 배경에는 끊임없는 기술개발만이 회사를 살리는 힘이 된다는 성규동 사장의 신념이 있었죠.

이미 세계 최고의 제품들을 내놓고도 안주하지 않고 계속해서 세계 최고의 제품을 내놓기 위해 투자와 노력을 아끼지 않는 자세야말로, 인류의 환경이 그 어떻게 변해도 변치 않는 경쟁력의 핵심이 될 것입니다.

R&D에 매출의 10% 투자하기, 머지않아 기업경영의 철칙이 될 듯합니다.

47

적절한 시점에 전문경영인을 영입해 체질을 개선하는 것이 중소기업이 성장하기 위한 기본 조건이다.

- **홍기우**(오로라월드 CEO) -

세계 완구시장을 미국이 독점하다시피 한 상황에서 미주시장 2위에 세계시장 4위 자리를 지키며 전체 매출의 95%를 해외에서 얻고 있는 한국의 완구기업이 있습니다. 바로 위시윙, 머피, 캐터필더 등 캐릭터 인형 제조업체로 유명한 오로라월드입니다.

이 기업은 1985년 노희열 회장이 창업해서 운영하다가 지난 1993년부터 홍기우 사장을 전문경영인으로 영입한 뒤로 철저히 역할 분담을 하여 움직이고 있습니다. 노희열 회장이 디자인과 생산 및 영업을 책임지고 홍기우 사장이 기획과 관리를 책임지는 것이죠. 그 결과 수많은 히트상품을 내놓으며 전 세계에 오로라월드의 이름을 떨칠 수 있게 되었습니다.

대기업과 달리 규모가 작은 기업들은 경영자 혼자 혹은 소수의 사람으로 움직이게 되는 경우가 많은데, 규모가 작을수록 역할 분담을 하여 각자 맡은 역할에 집중할 수 있어야 규모가 큰 기업들과의 경쟁에서 이길 수 있습니다. 작고 효율적인 조직이 내실 있는 기업의 비장의 무기라고 해도 지나친 말은 아닐 듯합니다.

권력이든 의무든 한 사람에게만 집중되면 모두가 힘들어지죠.

48

빅 브랜드가 되는 핵심은 소비자와 브랜드 간의 소비, 그 이상의 감정적 결속이다.

- **데이비드 오길비**(Ogilvy & Mather의 창업자) -

이솝우화 「해님과 바람」 이야기에는 길 가던 나그네의 옷을 벗기는 시합에서 스스로 옷을 벗게 만든 해님이 강제로 옷을 벗기려 했던 바람을 이긴다고 나옵니다. 강제성보다는 자발적인 움직임을 이끌어 내야 한다는 교훈을 주는 이야기죠. 여기서 나그네는 기업에서는 직원일 수도 있고 시장에서는 소비자일 수도 있습니다.

이 세상의 어떤 사람도 강제로는 효율적인 결과물을 얻을 수 없습니다. 직원들이 자발적으로, 열정적으로 일할 수 있는 환경을 만들어 주는 것이 리더의 역할일 것입니다. 또 기업의 판촉 활동에 의한 홍보보다는 소비자가 스스로 제품을 원하고 또 사용한 뒤 주변에 권유할 수 있게 된다면 기업의 성공은 당연한 귀결일 것입니다. 요즘같이 SNS가 발달한 세상에서 이 같은 소비자의 자발성은 사업의 성공을 결정하는 수단이 되기도 하죠.

직원과 소비자 모두 스스로 판단하고 움직이는 독립된 주체입니다. 그들을 움직이게 하는 것은 머리로 짜낸 묘안이나 힘으로 짜낸 강제성이 아니라, 가슴에서 우러나온 진심이 아닐까요.

강요나 사탕발림으로 사람들을 통제하는 시대는 이미 지나갔단 말씀!

49

탁월한 리더는 자신을 따르는 이들의 자존감을 고양시키기 위해 온갖 노력을 다 기울인다.

- **샘 월튼**(월마트 창업자) -

헤르만 헤세의 『동방순례』라는 책에 다음과 같은 내용이 나옵니다. 순례여행단의 잡일이나 식사준비를 돕던 '레오'라는 사람이 있었습니다. 그는 지친 순례여행자들에게 밤에는 악기연주와 노래로 활기를 불어넣어 주고 낮에는 순례자들에게 필요한 게 무엇인지 살피고 다녔습니다.

그러던 어느 날 레오가 사라집니다. 순례자들은 당황한 것은 물론, 피곤한 상태에서 싸움이 잦아지는 등 혼란에 휩싸여 결국 순례여행을 중단할 수밖에 없게 됩니다. 그제야 사람들은 레오가 순례여행단의 진정한 리더 역할을 하고 있었음을 깨닫죠.

진정한 리더는 권위와 명령으로 사람들을 통솔하지 않습니다. 사람들이 목표를 향해 전진할 수 있도록 돌봐주고, 그들의 마음속에 반드시 필요한 존재로 인식되는 사람이야말로 진정한 리더입니다.

리더의 가치는 높은 직함을 달고 서 있을 때가 아니라, 그 사람의 존재 자체로 조직에 안정과 활력이 부여될 때 빛납니다. 훌륭한 경영자가 되고 싶다면, 진정한 카리스마는 위협이나 공포로 만들어지는 것이 아니라는 점을 꼭 기억해야 할 것입니다.

레오야말로 타인을 섬기면서 조직을 리드하는 서번트 리더십의 현신이군요!

50

절대 포기하지 않는 사람을 이기는 건 어렵다.

- **베이브 루스**(미국 야구선수) -

야구에서 삼진을 두려워해서는 홈런타자가 될 수 없다는 속설이 있습니다. 홈런을 치려면 자신감 있게 호쾌한 스윙을 해야 하는데 그러다 보면 삼진당할 확률이 높아지기 때문이죠. 그래서 홈런타자들은 삼진도 많이 당합니다.

미국의 전설적인 홈런왕 베이브 루스도 홈런 714개를 기록했지만 1,300개가 넘는 삼진을 당했습니다. 미국에는 해마다 최고의 투수에게 수여하는 '사이 영'이라는 상이 있습니다. 이 상은 미국 메이저리그에서 511승을 거둔 전설적인 투수 사이 영을 기리기 위해 제정된 상이죠. 그런데 사이 영이 316패나 당한 것을 기억하는 사람은 거의 없습니다. 삼진이나 패 등은 홈런이나 승으로 가는 데 빠질 수 없는 과정입니다. 결코 좌절하거나 두려워할 대상이 아닌 것입니다.

세상은 업적이나 장점을 기억하지. 그 과정의 실패나 단점을 기억하지 않습니다. 실패를 두려워하지 말고 자신 있게 역량을 펼쳐 자신만의 장점을 만들어 내세요. 그 장점이 당신을 세상의 리더로 이끌어 줄 것입니다.

누구나 자신만의 장점을 가지고 있습니다. 당신도 마찬가지입니다.

51

맨 꼭대기에 앉아서 명령만 내리려고 하지 마라.

- **헨리 민츠버그**(캐나다 경영학자) -

영국과 프랑스 연합군과 독일군이 프랑스의 솜 강을 두고 4개월 동안 벌인 솜 전투는 제1차 세계대전의 3대 전투 중 하나이자 최악의 혈전으로 꼽히고 있습니다. 이 전투에서 연합군과 독일군을 합해 120만 명이 넘는 사상자가 발생했고, 특히 영국군 입장에서 이 전투는 약 42만 명의 사상자를 내고도 별다른 성과를 얻지 못한 무모한 전투였습니다. 사태가 이 지경에 이른 이유는 당시 연합군 총사령관이었던 영국의 더글러스 헤이그에게 있었습니다. 현장 상황 변화나 현장 지휘관들의 의견에 따라 전략을 수정했어야 했지만, 그는 이미 세워두었던 전략대로만 전투를 지휘했습니다. 그러다 보니 상황에 맞지 않아 결국 소모전이 되고 만 것이죠. 솜 전투의 예는 소통과 권한이양의 중요성이 부각된 대표적인 사례죠.

후방이나 사무실에 앉아서 계획만 세우고 명령만 내리는 리더라면 자신이 혹 조직 전체에 엄청난 손해를 끼치지는 않을지 늘 경계해야 합니다. 후방에서 세운 계획은 현장 상황을 가장 잘 아는 현장 지휘관들의 의견에 따라 언제든지 바뀔 수 있다는 유연한 사고가 필요한 것이죠.

시간과 공간의 한계가 없는 시대니, 경영자라면 온라인을 적극 활용해서라도 현장 분위기를 늘 살펴야 할 것입니다.

52

포로수용소에서 살아남았던 사람들은 일반적인 통념과는 달리 낙관주의자들이 아니라 현실주의자들이었다.

- **짐 스톡데일**(미군 장교) -

'스톡데일 패러독스'란 베트남전쟁 당시 하노이의 전쟁포로 수용소에 잡혀 있던 미군 최고위 장교 짐 스톡데일의 이름에서 유래된 말입니다. 스톡데일은 1965년부터 8년간 수용소에 갇혀 있으면서도 수차례의 고문을 이겨내고 결국 살아 돌아와 가족 품에 안겼습니다. 그는 수용소 내의 통솔 책임을 떠맡아 여러 방법을 고안하여 포로들을 지켜냈습니다. 『좋은 기업을 넘어 위대한 기업으로』의 저자 짐 콜린스와의 인터뷰에서 스톡데일은 이렇게 말했습니다.

"수용소 생활을 견뎌내지 못한 사람들은 낙관주의자들이었습니다. 그들은 '크리스마스 때까진 나갈 거야'라고 했지만 나가지 못했고, 그런 희망이 되풀이해서 꺾이자 결국 낙심해서 죽고 말았죠."

막연한 낙관 대신 크리스마스 때까진 나가지 못하리라는 현실을 직시하고 이에 대비한 사람들만이 끝까지 살아남았다는 것입니다.

낙관적인 태도는 물론 바람직합니다. 그러나 우리는 최종적으로 목표에 대한 희망은 가지되, 냉혹한 현실도 냉정하게 직시해야 할 것입니다.

궁정도 좋지만, '낙관'만으로 '현실'을 덮어버려서는 안 되겠죠.

53

제가 넘어져 국민이 즐겁게 웃을 수 있다면, 다시 한번 넘어지겠습니다!

- **윈스턴 처칠**(영국 정치인) -

영국 총리를 두 번이나 역임하고, 제2차 세계대전을 승리로 이끌었으며, 노벨문학상을 수상한 작가이기도 한 처칠. 그는 2002년 영국 BBC 방송에서 실시한 설문조사에서 엘리자베스 1세, 셰익스피어, 뉴턴을 제치고 가장 위대한 영국인에 뽑히기도 했습니다.

처칠은 뛰어난 유머감각을 가진 것으로도 유명합니다. 처칠에게는 그를 지지하는 사람만큼 반대하는 사람도 많았는데 영국의 유명한 극작가 버나드 쇼도 그 가운데 한 사람이었죠. 어느 날 그가 처칠에게 연극표 두 장을 건네며 말했습니다.

"혹시 같이 올 친구가 있다면 함께 제 연극을 보러 오십시오."

처칠이 친구 하나 없는 외톨이라고 비꼬는 말이었죠. 이에 처칠은 이렇게 응수했습니다.

"첫날은 바쁜 사정이 있으니 다음날 가겠소. 연극이 하루 만에 막을 내리지 않는다면 말이오."

위트와 유머감각은 마음의 여유와 자신감이 있어야 생깁니다. 세상을 크고 멀리 내다봐야 하는 리더에게 유머감각은 필요충분조건이 아닐까요?

승리의 V자를 최초로 창안한 사람도 바로 처칠이라고 합니다.

54

리더십은 다른 사람들의 삶을 향상시키는 특권입니다. 개인의 욕심을 채울 수 있는 기회가 아닙니다.

- **음와이 키바키**(케냐 3대 대통령) -

이집트와 리비아의 독재정권이 몰락하고 독재자가 축출되는 과정을 보며, 이 시대가 더는 권위와 폭력의 리더십이 존재할 수 없는 사회라는 사실을 우리는 두 눈으로 확인했습니다. 과거처럼 교육 수준이 낮거나 전쟁처럼 폭력이 생존 수단으로서 정당화되는 특수한 상황을 겪은 사회에서는 리더의 카리스마를 권위와 폭력, 힘으로 인식하는 경우가 많았죠. 우리나라를 비롯해 그동안 인류가 겪어왔던 역사이기도 하고요.

하지만 오늘날 높아진 교육 수준과 SNS와 같은 소통 도구의 발달로 권위적인 리더십은 종말을 고하고 있습니다. 이러한 추세는 앞으로 더욱 강해져, 다가올 미래에는 상호 공감과 소통하는 능력을 갖춰 많은 사람이 자발적으로 따르게 만드는 사람만이 리더가 될 수 있을 것입니다.

앞으로는 모든 사회 구성원이 이러한 교육과 문화 속에 성장한 세대로 채워질 테니 이런 구성원을 이끌려면 당연히 리더가 가장 먼저 변해야 하겠죠. 이는 사회의 모든 분야에 걸쳐 피할 수 없는 흐름임을 인정해야 할 것입니다.

구성원이 따르지 않는 리더란 존재할 수 없습니다.

55

나는 실패한 것이 아니다.
나는 성공하지 못한 1만 번의 방법을 찾은 것뿐이다.

- **토머스 에디슨**(미국 발명가) -

어느 날 에드윈 C. 바네스라는 사람이 부랑자와 다름없는 행색을 한 채 에디슨의 실험실로 무작정 찾아왔습니다.

"저는 비록 배운 건 없지만 당신의 동업자가 되기 위해 이곳에 왔습니다. 당신의 위대한 발명품들을 세상에 알리겠습니다."

에디슨은 하루에도 수십 명 넘는 사람이 일하게 해 달라고 찾아오는 터라 이번에도 거절할 마음으로 문제를 하나 냈습니다.

"날 이 실험실에서 나가도록 할 수 있다면 그렇게 하죠."

그러자 바네스는 즉시 말했습니다.

"말도 안 됩니다. 밖에 있는 사람을 들어오게 하는 거라면 몰라도 안에 있는 사람을 밖으로 나가게 하라니요."

"그럼 내가 밖에 나가 있을 테니 안으로 들어오게 해보시죠."

그렇게 말하며 에디슨은 문밖으로 나섰고 순간 자신이 졌음을 알았습니다. 이후 바네스는 에디슨과 함께 기업을 일구었고 미국의 5대 갑부가 되었죠.

주변에 혹시 이런 역발상 능력과 순발력을 갖춘 사람이 있다고요? 그렇다면 그가 바로 당신이 찾는 인재일 가능성이 높습니다.

답을 알고 보면 별것 아니지만, 이런 생각을 한다는 것 자체가 대단한 일이죠.

56

항상 다음 할 일을 예측하고 진화할 수 있는 유연성을 가져야 한다.

- **마크 베니오프**(세일즈포스닷컴 CEO) -

고대 도시국가 카르타고의 한니발 장군과 로마의 스키피오 장군이 비슷한 군사력을 가지고 사막 한가운데서 자국의 운명을 걸고 전투를 벌이게 되었습니다. 코끼리부대를 활용하는 것으로 유명했던 한니발은 이미 코끼리를 활용해 알프스산맥을 넘는 데 성공한 터라 이 전투에서도 코끼리를 앞세우고 보병이 뒤따르는 방법으로 진격했습니다.

하지만 항상 똑같은 한니발의 전략을 알고 있던 스키피오는 요란한 소리로 코끼리를 놀라게 해서 마구 날뛰게 만들었죠. 그러자 코끼리들은 한니발 부대의 본진을 향해 질주했고, 한니발은 크게 당황한 나머지 참패하고 말았습니다. 그런데도 한니발은 죽는 날까지 코끼리가 조금만 더 많았으면 이겼을 거라며 아쉬워했다고 하는군요.

이처럼 객관적으로 상황을 고려하지 않는 리더의 아집은 구성원과 조직 전체에 돌이킬 수 없는 피해를 입히고 맙니다. 주변 환경이 급변하는 요즘에는 전략을 재빨리 수정할 수 있는 유연한 사고와 상황대처 능력을 가진 리더가 더욱 필요합니다.

아니다 싶으면 바로 포기할 줄도 알아야 한다는 얘기로군요.

57

직원을 적재적소에 채용하라. 각 분야마다 유능한 직원이 있다. 그 분야를 찾아 능력을 발휘하게 하라.

- **P. T. 바넘**(미국 서커스 단장) -

'인사가 만사'라는 말은 더는 강조할 필요가 없는 얘기죠. 경영 컨설턴트인 커트 코프만이 조사한 바에 따르면 성공한 조직들이 공통적으로 꼽는 성공의 요인은 바로 '채용을 잘해서'라고 합니다.

그렇다면 어떤 인재를 뽑아야 채용을 잘하는 것일까요?

하버드대학교 심리학과의 하워드 가드너 교수의 '다중지능이론'에 따르면, 인간의 지능이나 잠재력은 획일화된 척도로 평가할 수 있는 것이 아니어서 단순히 IQ나 시험성적만으로는 알 수 없다고 합니다. 그래서 그는 인간의 지능을 음악지능, 신체운동지능, 논리수학지능, 언어지능, 공간지능, 인간친화지능, 자기성찰지능, 자연친화지능, 실존지능으로 분류했습니다. 즉, 문제해결 능력이 뛰어나다고 해서 다른 사람들과 잘 어울린다거나, 자신의 감정을 잘 조절한다거나, 예기치 못한 상황에 잘 대처하는 것은 아니라는 것이죠.

결국 최고의 인재란 화려한 스펙이 아니라 조직이 원하는 분야의 지능을 갖춘 사람, 해당 업무에 최적의 재능을 갖춘 사람일 것입니다.

지능이 꼭 IQ를 의미하는 것은 아닙니다. 자신만의 강점 지능을 잘 이용한다면, 즐겁고도 효율적으로 일할 수 있겠죠?

58

삼류기업은 위기에 의해 파괴되고, 이류기업은 위기를 이겨내며, 일류기업은 위기로 인해 발전한다.

- **앤디 그로브**(인텔 전 CEO) -

흔히 위급한 상황에 직면해야 어떤 사람의 진면목을 평가할 수 있다고 하죠. 평범한 사람도 그런데, 더군다나 리더라면 자신이 내리는 판단과 결정이 개인과 조직의 명운을 좌우할 수 있으므로 대담함, 침착함, 식견 등을 필수로 갖추고 있어야 할 것입니다.

중국의 병법에 "지휘관은 태산이 눈앞에서 무너져도 안색이 바뀌지 않는다."라는 말이 있습니다. 살면서 한 번도 실패나 시련을 경험해 보지 않았다는 것은 큰 위기를 한 번도 겪어 보지 않았다는 말과 같습니다.

평탄한 인생을 살아온 사람은 위기 상황에서 당황하거나 자신의 감정을 제어하지 못하고 자멸할 가능성이 크죠. 특히나 그 평탄하게 살아온 세월이 길면 더욱 그러할 것입니다.

도저히 해결방안이 보이지 않는 상황에서도 결코 당황하거나 포기하지 않고, 침착하고 담대하게 그리고 최선을 다해 대처한다면 의외의 길이 보일 것입니다.

산전수전, 공중전까지 겪은 사람의 경험은 그 무엇과도 바꿀 수 없죠.

59

세상에는 단 두 가지 법칙만이 존재한다.
첫째, 절대로 포기하지 말 것.
둘째, 첫 번째 법칙을 절대 잊지 말 것.

- **듀크 엘링턴**(미국 피아니스트) -

개구리 두 마리가 길을 가다가 우유가 담긴 커다란 통에 빠지고 말았습니다. 두 개구리는 살기 위해 쉬지 않고 몸부림쳤지만, 도저히 빠져나갈 수 없었습니다. 마침내 한 마리는 모든 걸 포기하고 움직임을 멈추며 말했습니다.

"도저히 불가능해. 어차피 죽을 거 괜히 힘쓰지 말자고…."

지친 개구리는 바닥으로 가라앉아 죽고 말았습니다. 하지만 남은 한 마리의 개구리는 반드시 살아서 나가고 싶었습니다. 그래서 있는 힘을 다해 발차기하며 빠져나가려 노력했습니다. 그러자 기적이 일어났습니다. 개구리의 움직임에 의해 우유가 서서히 치즈로 변했던 것입니다. 시간이 흐르는 사이 어느덧 통 속의 우유는 치즈 덩어리가 되었고, 개구리는 무사히 빠져나올 수 있었습니다.

전혀 생각도 못 했던 기적이 일어난 것입니다. 하지만 이것은 기적이 아니었습니다. 포기하지 않고 끝까지 움직임을 멈추지 않았던 개구리의 노력이 있었기에 가능했던 것이죠. 이처럼 기적과 행운은 각고의 노력이 있는 곳에서 일어납니다.

행운은 노력이 선행될 때 생각지도 못한 방법으로 찾아오더군요.

60

위기에는 전조증상이 있다.
댐이 작은 구멍으로 무너지듯이.

- **벤 버냉키**(미국 경제학자) -

1930년대 미국의 한 보험회사에 근무하던 하인리히라는 사람은 수많은 산업재해 사례를 분석했습니다. 그 결과 한 명의 중상자가 나오는 산업재해가 발생한 경우, 그전에 이미 같은 원인으로 29명의 경상자가 있었고 같은 원인으로 부상당할 뻔한 사람이 300명이나 있었다는 사실을 밝혀냈습니다.

이 이론을 '하인리히의 법칙' 또는 '1:29:300의 법칙'이라고 합니다. 어떤 대형 사고가 발생하기 전에는 같은 원인으로 수십 차례의 경미한 사고와 수백 번의 징후가 반드시 나타난다는 것을 뜻하는 통계적 법칙입니다. 최근에는 이 법칙의 적용 범위가 더욱 광범위해져 사회적, 경제적, 개인적 위기와 실패에도 활용되고 있습니다.

실패하는 수많은 사람은 운이 없어서 그렇게 되었다고 합니다. 하지만 실패나 사고를 면밀하게 분석해 보면 결코 우연이 아닌 경우가 대부분이죠.

사소한 문제가 있을 때 그 원인을 파악하고 향후 더 큰 문제로 비화하지 않도록 철저히 노력해서 개선해 나간다면, 실패나 재앙으로부터 개인과 조직을 지켜낼 수 있을 것입니다.

천재지변으로 보이는 일들도 면밀하게 분석해 보면 인재인 경우가 많죠.

61

한 숟가락의 상상력이 한 트럭의 지식보다 더 중요하다.

- **알베르트 아인슈타인**(물리학자) -

한 연구기관에서 꿀벌과 파리를 같은 수만큼 유리병에 넣고 병의 바닥을 창가로 향하게 한 다음 탈출하는 과정을 지켜보는 실험을 했습니다. 결과는 의외였습니다. 파리는 모두 나왔는데 지능이 높다고 알려진 꿀벌들은 나오지 못하고 병 바닥 쪽에서 죽고 만 것입니다.

빛을 좋아하는 꿀벌들은 빛이 있는 곳에 입구가 있을 것이라는 생각으로 창가를 향한 병 바닥 쪽으로만 갈 뿐 반대쪽으로 갈 생각은 못했지만, 파리는 아무 생각 없이 여기저기 날아다니다가 입구로 모두 나올 수 있었던 것입니다. 꿀벌들에게는 유리병이라는 새로운 환경에 대한 경험이 없었기 때문에 기존에 가지고 있던 자신들의 지식을 활용한 대처가 오히려 화를 부른 것이죠.

세상에도 우리가 미처 경험하지 못한 새로운 환경이 날마다 끊임없이 생겨나고 있습니다.

어떤 상황에 대처할 때 제한적인 기존 지식에만 의존하기보다, 때로는 계산 없이 단순하게 생각하고 행동하는 것이 더 좋은 결과를 가져올 수도 있지 않을까요.

때론 저돌적 행동과 무분별함이 위기 돌파의 효과적 방법이 될 수도 있습니다.

62

나는 감사할 줄 모르면서 행복한 사람을 한 번도 만나보지 못했다.

- **지그 지글러**(미국 작가, 연설가) -

뛰어난 실력을 지닌 미국의 유명 바이올리니스트 필립 퀸트는, 어느 날 댈러스에서 공연을 마치고 공항에서 택시를 타고 집에 돌아왔습니다. 잠시 뒤 그는 눈앞이 깜깜해졌습니다. 전 세계에 단 세 대밖에 없는 바이올린을 택시에 두고 내렸기 때문이죠. 그가 잃어버린 바이올린은 285년 된 스트라디바리우스로, 그 가치를 돈으로 환산하면 약 400만 달러나 되는 귀중한 것이었습니다. 더욱이 자신의 것이 아니라 어느 소장가에게 빌려 쓰던 것이다 보니, 더더욱 하늘이 무너지는 것 같았지요. 그는 5시간을 이리 뛰고 저리 뛰며 바이올린을 찾아 헤맸지만 결국 찾지 못했습니다.

바이올린을 찾지 못하면 죽는 길밖에 없다고 절망하던 그의 앞에, 놀랍게도 그를 집까지 태워다 주었던 택시기사가 바이올린을 들고 나타났습니다. 그 또한 필립 퀸트를 찾느라 애쓴 끝에 겨우 찾아낸 것이었습니다. 필립 퀸트는 택시기사에 대한 감사의 표시로 공항의 택시 승차장에서 혼신의 힘을 다해 바이올린을 연주했습니다.

고마움을 전할 때, 자신에게 가장 소중한 것을 진심 어린 마음으로 전하는 것보다 더 좋은 방법은 없습니다.

아마 그 승강장에서의 연주는 카네기 홀에서의 연주만큼 멋진 것이었겠죠.

63

성공하는 CEO는 결과가 나쁠 때는 창문 밖이 아니라 거울을 들여다본다.

- **짐 콜린스**(미국 경제학자, 작가) -

'화전민 CEO'라는 말이 있습니다. 그룹의 장기 전망은 뒷전이고 자신의 임기 동안 빼먹을 수 있는 건 모두 빼먹으려고 단기적, 외형적 성과 위주 사업에만 눈독 들이는 사람을 일컫는 말이죠.

최근 미국의 월가에서는 여러 CEO가 기업을 심각한 위기로 몰아넣어 수많은 직원을 실업자로 만들어 놓고도, 자신은 퇴직금으로 천문학적인 금액을 챙겨 떠나는 사례가 자주 보도되고 있고 사회문제로 쟁점화되고 있습니다.

우리나라에서도 한 금융지주 회장이 2010년 각종 위법과 고발 사건 등으로 자진사퇴 한 바 있습니다. 그러나 그 과정에서 금융사의 사회적 책임을 지고 국민의 신뢰를 저버린 점에 대해 사과하기보다, 사퇴 과정에서 수십억의 스톡옵션을 챙기는 행동으로 사회적인 질타를 받기도 했습니다.

CEO가 재무제표의 이익보다 더 중요시해야 할 것은 기업을 지속 성장할 수 있게 만드는 것이 아닐까 합니다. 그것이 CEO를 포함한 모든 리더에게 학문적 능력보다 양심에 기반한 도덕성과 책임감이 더 우선적으로 요구되는 이유일 것입니다.

화전민이 열대우림 파괴의 원인이면 화전민 CEO는 회사 파괴의 주범일까요?

64

고객을 행복하게 만들기 위해서는 먼저 직원들이 행복해야 한다.

- **토니 셰이**(재포스의 창업자이자 전 CEO) -

어떤 태도를 가졌느냐에 따라 그 사람의 자신감이 어느 정도인지 알 수 있습니다. 미국의 한 프로농구팀 단장은 선수의 걸음걸이와 어깨 모양을 보고 선수의 자신감을 알아챈다고 합니다. 발을 질질 끄는지, 아니면 기운차게 걷는지, 어깨가 축 처졌는지 아니면 쫙 펴졌는지를 기준으로 판단하면 틀림없다고 하네요.

자신감은 태도뿐만 아니라 주변 상황에서도 드러납니다. 1999년 당시 에스티 로더의 부회장이었던 지넷 와그너는 대형마트용으로 내놓은 새로운 제품을 입점시키기 위해 대형마트인 타깃과 케이마트 두 곳을 찾았습니다. 타깃은 외관부터 산뜻하고 밝았으며 사람들의 태도도 적극적이고 긍정적이었습니다. 반면, 케이마트는 외관부터 어둠침침했으며 그 안에서 일하는 사람들의 인상도 어둡고 침울했습니다. 태도도 무기력했죠. 와그너는 '앞으로 몇 년 안에 타깃은 뜨고 케이마트는 지겠구나!' 하고 생각했다고 합니다. 실제로 케이마트는 2002년에 파산을 선언했습니다.

기업의 미래는 재무제표가 아니라 현재 그 조직에 몸담고 있는 직원들의 분위기나 기업의 문화를 통해 예상할 수 있습니다.

당신 회사의 직원들 표정은 어떤가요? 회사의 미래가 보일 것입니다.

65

리더는 선수의 경험을 살릴 수 있어야 한다. 그 선수가 가지고 있는 경험을 믿어주고, 그것을 적재적소에 활용해야 한다.

- **김성근**(야구감독) -

SK와이번스 프로야구단의 김성근 전 감독은 번트나 대수비, 중간계투 등 화려하지는 않아도 팀의 승리를 위해 꼭 필요한 역할을 맡은 선수들의 중요성을 항상 강조해 왔습니다. 리더의 이런 인식이 선수단 전체로 전달되어 팀 내 모든 구성원이 각자 맡은 소임에 최선을 다하고, 작은 역할이라도 성공하면 모두가 격려하고 칭찬하는 팀 내 문화로 발전했죠. 그 결과 4년간 세 번의 우승과 한 번의 준우승이라는 경이적인 성과를 올릴 수 있었고 무명선수였던 많은 선수가 억대 연봉을 받는 선수로 성장할 수 있었습니다.

이와 마찬가지로 눈에 띄는 역할만 중요시하는 문화가 있는 조직은 결코 성공할 수 없습니다.

크든 작든 지금 한 조직의 리더인가요? 겉으로 크게 드러나지는 않아도 내부적으로 팀의 승리에 기여한 구성원들의 역할을 인정해 주고 만족을 느낄 수 있도록 대우해 주세요. 모든 구성원이 기꺼이 팀을 위해 희생하는 자세로 변모할 것이고 결국 그 조직은 강한 조직으로 거듭날 테니까요.

꼭 화려한 자리만 멋진 것은 아니랍니다.

66

내게 중요한 것은 우리가 전 세계 모든 사람을 평등하게 하고 능력자로 만드는 기술의 원동력이라는 것이다.

- **순다르 피차이**(구글/알파벳 CEO) -

2022년 기준 연봉을 3천억 원 이상 받은 CEO가 있습니다. 구글 및 모회사 알파벳의 CEO 순다이 피차이입니다. 인도계 미국인인 그는 어릴 때부터 수학적 능력이 타고났는데 한번 건 전화번호는 모두 기억하는 천재였다고 합니다. 2004년 구글 검색 툴바 운영팀에 입사해 "자체 브라우저를 만들자"라고 전 CEO 슈밋을 설득하여 크롬 개발에 성공하였고, 그 결과는 대성공이었죠. 현재 크롬은 명실상부 웹브라우저 시장점유율 1위를 차지하고 있습니다.

'조용한 리더십'으로도 유명한 순다이 피차이는 엔지니어 출신답게 기술은 정보와 통신에 대한 동등한 접근을 제공함으로써 우리 모두를 평등하게 만들 수 있는 놀라운 능력을 가지고 있다고 강조합니다. 크롬과 안드로이드의 성공을 이끈 그는 다음 목표로 자율주행자동차, 사물인터넷(IoT), 가상현실(VR) 등 다양한 신기술 개발에 집중하고 있다고 합니다.

차별화된 기술이야말로 업계 선두를 지키고 다른 업체와의 격차를 벌릴 수 있는 최고의 혁신이라고 할 수 있을 것입니다.

혁신적 기술이 탄생할 때 결점보다는 그 장점을 보고 꿈을 꾸십시오.

67

리더가 말만 해서는 안 됩니다.
직원들은 우리 행동을 봅니다.

- **리드 헤이스팅스**(넷플릭스 공동창업자이자 회장) -

넷플릭스의 창업자이자 회장인 리드 헤이스팅스는 1997년 초, 마크 랜돌프와 퓨어 소프트웨어를 인수했을 때부터 우편을 이용하여 영화를 볼 수 있는 사업을 구상하기 시작했습니다.

아마존은 이미 책으로 돈을 쓸어 담고 있을 때라 그는 속으로 항상 '영화라고 안 될 게 뭐 있겠어!'라고 생각했다고 합니다. 1년 뒤인 1998년 넷플릭스를 론칭하였고 이로써 세계 최초의 온라인 DVD 대여점이 탄생하게 된 것이죠. 이렇게 시작한 넷플릭스가 2022년 기준 전 세계 2억 3,100만 가구가 시청하는 거대 엔터테인먼트 기업으로 눈부신 성장을 이루었습니다.

리드 헤이스팅스는 사람들이 하는 말보다 행동이 더 중요하다고 생각하는 경영인입니다. 그래서인지 SNS 정보를 활용한 적도 없으며 앞으로도 사용할 계획이 없다고 합니다. 왜냐하면 SNS란 남들에게 보여주고 싶어서 하는 말과 같다고 여기기 때문이죠.

늘 호의적인 분위기에서 서로에게 도움이 되도록 먼저 솔선수범하는 리더, 우리에게 꼭 필요한 경영자입니다.

백 마디 말보다 한 번의 행동이 훨씬 설득력이 강하며 훨씬 효과적일 수 있음을 잊지 마십시오.

68

가격을 보지 말고 가치를 보라.

- **후쿠하라 요시하루**(시세이도 명예회장) -

시세이도를 일본 시장점유율 1위이자 세계시장 점유율 5위인 글로벌 화장품 기업으로 성장시킨 주역은 누구일까요? 바로 후쿠하라 요시하루 현 명예회장입니다.

시세이도 창업자 후쿠하라 아리노부의 손자이기도 한 그는 1987년 사장에 취임하여 10년간 사장직에 있으면서 대담한 경영개혁, 사내 의식개혁 등을 시도하여 시세이도를 세계적 화장품 브랜드로 자리매김하게 만든 장본인입니다.

요시하루 명예회장은 특히 겉으로 드러난 '가격'만 보지 말고 숨어 있는 '가치'를 보라고 강조합니다. 보통 가격이 높으면 가치도 높다고 생각하는데, 이는 잘못됐다는 의미죠. 눈에 보이는 숫자인 가격만 쫓을 것이 아니라 비즈니스에 있어선 가치를 꿰뚫어 볼 줄 아는 혜안을 가져야 한다는 의미이기도 합니다.

인간관계에서도 다른 사람의 가치를 잘 읽을 줄 아는 사람이 성공하듯이 제품의 가치, 기업의 가치를 제대로 볼 수 있어야 비즈니스에서도 성공할 수 있겠지요.

당신은 가격과 가치의 차이를 정확히 알고 있나요? 혹 가격에 속아 가치를 못 보고 있는 건 아닌가요?

69

아무리 돈이 아까워도 불량품은 무조건 폐기처분 하라!

- **장루이민**(하이얼 명예회장이자 전 CEO) -

'중국의 혁신·품질 전도사', '중국판 젤 웰치'로 불리는 장루이민 명예회장은 중국의 가전제품 대기업 하이얼을 세계 1위(매출 기준) 가전기업으로 키운 CEO입니다. 그가 취임할 당시만 해도 하이얼은 망해 가던 공장과 다름없었고 제품들도 불량품이 부지기수였습니다. 장루이민은 제품의 품질에 관한 한 완벽주의자였습니다. 아무리 돈이 많이 들었어도 품질이 불량인 제품들은 가차 없이 폐기처분 시켰죠. 지금도 회자되고 있는 냉장고 박살 사건이 그것입니다. 직원들이 보는 앞에서 불량 냉장고 70여 대를 쇠망치로 때려 부수며 제품 품질의 중요성을 일깨웠고, 충격 요법은 즉시 효과를 냈습니다. 이때부터는 하이얼의 품질경영이 시작된 것입니다.

어떤 제품이든 품질의 중요성이야 두말할 필요도 없습니다. 품질경영이야말로 제품과 서비스 품질의 향상으로 매출증가, 원가감소 및 경쟁우위 확보에 필수적 수단이며 조직의 생존에 가장 중요한 전략인 셈입니다. 품질이 곧 그 기업의 명성에 절대적 영향을 끼치기 때문이죠.

제품의 본질이자 생명인 품질이 뒷받침되지 않으면 어느 기업도 안전할 수 없음을 기억해야 합니다.

70

불가능을 가능하게 만들어 달라.

- **앨버트 불라**(화이자 CEO) -

코로나19가 전 세계에 휘몰아치기 시작하던 2020년 3월 글로벌 제약기업 화이자의 앨버트 불라 CEO가 전 연구원에게 당부한 말입니다. 그것도 역사상 가장 빠른 시간 안에 백신을 개발해 달라고 말이죠. 이후 1년도 채 되지 않아 화이자는 세계 최초로 코로나바이러스 백신 개발이라는 목표를 달성했습니다. 우리나라뿐 아니라 미국에서도 사람들이 가장 신뢰하는 코로나19 백신은 화이자가 개발한 제품이었죠. 사실 화이자는 코로나19 1년 전인 2019년, 이미 고객 중심적이고 자연에 부합하며 디지털 솔루션을 주도하는 새로운 운영 모델을 시행하고 있었다고 합니다. 이 덕분에 팬데믹에 발빠르게 대응할 수 있었고, 디지털 기술과 AI를 활용해 백신 공급을 1년 이내에 가능하게 만든 것이지요.

건강에 대한 관심이 고조 될 수록 신약에 대한 관심도 높아지기 마련인데, 이 또한 미리 준비하고 연구하지 않으면 절대 불가능을 가능으로 바꾸는 기적은 일어나지 않을 것입니다. 기회가 준비를 만났을 때 큰 행운이 따른다는 것을 반드시 기억하세요.

더 나은 내일을 위해 오늘 준비를 하고 있나요? 아무런 준비도 안 하면서 어떻게 더 나은 내일이 오기를 바랄 수 있을까요?

권선복

충남 논산 출생
아주대학교 공공정책대학원 졸업
연세대학교 산학연 기술개발센터 자문위원
중앙대학교 총동창회 상임이사
자랑스러운 서울 시민상 수상
2018년 TV조선선정 대한민국을 움직이는 영향력 있는 CEO
도서출판 행복에너지 대표이사 happybook.or.kr
지에스데이타(주) 대표이사 gsdata.co.kr
대통령직속 지역발전위원회 문화복지 전문위원
새마을문고 서울시 강서구 회장
영상고등학교 운영위원장
전) 서울시 강서구의회의원(도시건설위원장)
전) 팔팔컴퓨터전산학원장

자신의 책을 세상에 내고 싶다는
작은 소망은 도서출판 행복에너지의
창립으로 이어졌다.
12년여 만에 1,000여 종에 달하는
도서를 출간한 중견 출판사로
회사를 발전시켰다.

PART 4

WINTER

[I]

마음을 움직이는 힐링 글

1

어머니의 발

"그동안 어머니 목욕을 시키거나 발을 씻겨 드린 적이 있습니까?"

일본의 어느 대기업 사장이 회사 직원을 뽑기 위해 면접을 볼 때 한 청년에게 위와 같은 질문을 했습니다. 예상 밖의 질문에 청년은 무척 당황했지만, 거짓말을 할 수 없어 솔직하게 답했습니다.

"목욕이나 발을 씻겨 드린 적은 한 번도 없습니다. 초등학교 때 어머니 등을 긁어드린 적은 있습니다."

공채 시험성적이 좋아 나름 자신만만했던 청년은 내심 불안해 졌습니다. 이 대답으로 불합격될 수도 있겠단 생각이 들었기 때문이죠.

그가 태어난 지 얼마 안 돼 아버지가 돌아가시는 바람에 어머니가 이 일 저 일 안 해본 일 없이 그를 키우셨고, 어머니가 고생하는 것을 곁에서 지켜보았던 청년은 어머니의 바람대로 최고 명문대학에 들어가 수석으로 졸업한 후 대기업에 응시한 상태였습니다. 청년은 빨리 돈을 벌어 어머니의 은혜에 보답하고 싶었지요. 면접이 끝나자 상무가 청년을 불러 사장님의 지시 사항을 전달했습니다.

"내일 이 시간에 다시 오십시오. 다만 사장님께서 한 가지 조건을 말씀하셨습니다. 그전에 꼭 한 번 어머니 발을 씻겨 드리라는 것입니다. 그러고 나서 다시 방문하십시오."

"네, 꼭 그렇게 하겠습니다."

청년이 집으로 돌아가 일터에서 늦게 돌아온 어머니에게 난데

없이 발을 씻겨 드리겠다고 하자, 어머니는 극구 사양했습니다. 할 수 없이 청년은 오늘 입사 면접을 보았고 어머니 발을 씻겨 드리는 것이 사장님의 지시 사항이라고 설명했습니다.

그러자 어머니가 두말없이 문턱에 걸터앉아 세숫대야에 발을 담갔습니다. 청년은 조심스레 어머니의 발등을 만졌습니다. 그간 고생의 무게가 어머니의 앙상한 발등과 굳은살 박인 발바닥에 고스란히 드러나 있었습니다. 태어나 처음으로 만져보는 어머니의 발이었죠. 순간 울음이 복받쳐 어머니의 발을 끌어안은 채 참회의 눈물을 흘렸습니다. 다음날 회사를 찾은 청년이 사장님께 말했습니다.

"어머니가 그동안 얼마나 고생하셨는지 이제야 겨우 알았습니다. 만약 사장님의 지시가 아니었다면 평생 어머니의 발을 만지고 씻겨 드릴 생각은 하지 못했을 것입니다, 사장님은 제가 불효자라는 것을 뼈저리게 느끼게 해주셨고 큰 가르침을 주셨습니다. 지금부터라도 정말 어머니를 잘 모시겠습니다. 사장님, 제가 지원한 회사가 어떤 회사인지 깨닫게 해주셔서 정말 감사합니다."

청년의 진심 어린 감사에 사장은 미소 지으며 대답했습니다.

"명문대학 수석 졸업생이 우리 회사에 입사한 것 또한 자랑입니다. 지금 바로 인사부로 가서 입사 수속 밟으세요."

부모님이 살아계실 때 발 한번 씻겨 드리고 목욕 한번 시켜드리는 것, 효도가 꼭 멀리 있는 것이 아닙니다.

2

희망의 시작, 긍정

「인생찬가」,「에반젤린」 등의 시로 잘 알려진 19세기 최고의 시인 롱펠로. 그러나 그의 인생은 평탄하지 않았습니다.

그에게는 두 명의 아내가 있었는데 첫 번째 부인은 유산으로 고통받다가 숨졌고, 두 번째 부인은 집에 화재가 나서 불에 타 죽었습니다. 이런 커다란 불행을 겪었는데도 롱펠로의 시는 여전히 아름다웠지요.

임종을 앞둔 롱펠로에게 한 기자가 물었습니다.

"숱한 불행을 겪으면서도 당신의 작품에는 진한 인생의 향기가 담겨 있습니다. 어떻게 그런 아름다운 시를 남길 수 있었나요? 그 비결이 무엇입니까?"

롱펠로는 마당의 사과나무를 가리키며 말했습니다.

"저 사과나무가 바로 나의 스승입니다. 저 나무는 매우 늙었습니다. 그러나 해마다 단맛을 내는 사과가 주렁주렁 열립니다. 그것은 늙은 나뭇가지에서 새순이 돋기 때문입니다. 나는 나 자신을 항상 새순이라고 생각했습니다."

롱펠로는 불행 속에서도 희망을 포기하지 않는 시인이었습니다. 긍정적인 시선으로 삶을 바라보았기 때문이죠.

3

남을 긍휼히 여기는 마음, 공감

하루는 어떤 집에 강도가 들었는데 강도가 집주인에게 권총을 겨누며 고함을 질렀습니다.

"두 손 바짝 들어!"

깜짝 놀란 집주인은 왼손을 번쩍 들었습니다. 그러자 강도가 험악한 표정으로 소리쳤습니다.

"왜 두 손 다 들지 않는 거야?"

집주인이 몹시 괴로운 표정을 지으며 대답했습니다.

"신경통 때문에 오른손을 들 수가 없어요."

"뭐라고? 신경통이라고?"

사실 자신도 신경통 때문에 고생하고 있었던 터라 강도의 태도가 확 달라졌습니다.

이후 강도는 본래의 목적을 망각한 채 신경통에 좋다는 약을 설명하기 시작했고, 집주인 또한 상대가 강도라는 것도 잊은 채 그의 말에 고개를 끄덕였습니다.

어느덧 날이 밝자 강도는 "낙심하거나 좌절하지 말고 속히 건강을 회복하길 바란다"라는 공감의 말을 남기고 떠났습니다.

오 헨리의 『강도와 신경통』이라는 단편소설 내용입니다.

남을 긍휼히 여기는 마음에서부터 공감이 생겨남을 잊지 마십시오.

4

섣부른 판단은 NO

고대 그리스 마케도니아의 알렉산더 대왕이 친한 친구로부터 잘 훈련된 사냥개 두 마리를 선물로 받았습니다. 평소 사냥을 즐겼던 대왕은 매우 기뻐했지요. 어느 날 대왕은 선물 받은 사냥개를 데리고 토끼사냥에 나섰습니다. 그런데 어찌 된 일인지 개들은 사냥할 생각이 전혀 없는 듯 달아나는 토끼를 물끄러미 바라보며 빈둥빈둥 누워만 있었습니다. 그 모습을 본 알렉산더 대왕은 격분해서 사냥개들을 모두 죽여버리고 말았습니다.

대왕은 사냥개를 선물한 친구를 불러 화를 냈습니다.

"토끼 한 마리도 잡지 못하는 사냥개들을 왜 선물했는가? 그 쓸모없는 사냥개들은 내가 모두 죽여버렸다."

친구는 대왕의 말을 듣고 무척 실망한 듯한 표정을 지었습니다.

"대왕이여, 그 사냥개들은 토끼를 잡기 위해 훈련된 개들이 아닙니다. 호랑이와 사자를 사냥하기 위해 오랜 시간 훈련받은 값비싼 개들입니다."

알렉산더 대왕은 그제야 자신의 섣부른 판단에 대해 땅을 치며 후회했습니다.

단면만 보고 섣부른 판단을 하면 큰 그림을 보지 못하고 결과적으로 일을 그르치게 됨을 명심해야겠지요.

5

날개와 짐

하늘이 열리던 날, 창조자가 각양각색의 동물을 만들어 산과 들과 바다로 내려보냈습니다.

그런데 새들은 입술을 뾰로통하게 내밀고 저마다 불평을 늘어놓기 시작했습니다.

"다른 동물들에게는 튼튼한 다리를 주시면서 왜 우리에게는 이렇게 가느다란 다리를 주신 겁니까? 그리고 양어깨에 '날개'라는 무거운 짐을 매달아 주신 것은 무슨 이유입니까?"

창조자는 빙그레 웃으며 새들에게 말했습니다.

"너희들이 무거운 짐으로 생각하는 양 날개를 활짝 펴보아라."

독수리가 맨 먼저 거추장스러운 짐으로 여겼던 육중한 날개를 활짝 펴 힘껏 움직여 보았습니다. 그 순간 독수리의 몸은 깃털처럼 가벼워지며 창공을 날 수 있었지요.

새들의 양어깨에 붙은 것은 '짐'이 아니라 창공을 가르는 '날개'였던 것입니다.

이스라엘의 『새들의 불평』이란 동화입니다.

생각하기에 따라 짊어진 짐이 빛나는 날개가 될 수도 있지 않을까요.

6

결초보은의 마음으로

20세기 가장 위대한 영국의 정치가이자 총리였던 윈스턴 처칠은 어린 시절에 아주 나약한 소년이었습니다.

어느 날 처칠이 강에서 수영을 하다가 그만 힘이 빠져 익사 직전의 위험에 처했습니다. 그때 이 모습을 본 정원사의 아들이 용감하게 강물로 뛰어들어 처칠을 구해냈습니다. 처칠의 아버지는 아들을 구해준 소년에게 큰 선물을 주었지요.

"너는 내 아들의 은인이다. 네가 대학을 졸업할 때까지 학비 일체를 부담하겠다."

소년은 학비를 지원받아 의과대학을 졸업하고 의사가 되었습니다. 그 후 처칠도 정치인으로 성공하여 영국 총리가 되었습니다.

처칠이 총리 자격으로 이란을 국빈으로 방문하던 때였습니다. 갑작스럽게 급성폐렴에 걸려 고열로 인해 죽음의 문턱을 넘나들게 되자 이란의 국왕은 폐렴 치료의 최고 권위자를 물색하여 처칠을 치료하게 조치했지요. 처칠의 병세는 단 하루 만에 호전되었습니다. 처칠을 치료해 준 의사는 플레밍 박사였습니다. 처칠이 강물에 빠졌을 때 구해준 바로 그 정원사의 아들이었던 것입니다.

아들을 구한 소년의 학비를 대준 처칠의 아버지, 그 도움을 받아 의사가 돼 처칠을 치료해 준 플레밍 박사. 은혜와 사랑은 부메랑같이 돌아옵니다.

7

꿈을 이루게 한 한마디

이탈리아 나폴리에 살면서 음악을 매우 좋아하는 소년의 이야기입니다. 가난한 집에서 출생한 소년은 세계적인 가수가 될 꿈을 꾸고 있었지요. 불우한 환경 속에서도 포기하지 않고 공장에서 일하며 자신의 꿈을 키워나갔습니다.

하루는 소년이 수업 시간에 자신의 꿈에 대해 말했습니다.

"나는 세계적인 성악가가 되고 싶어."

소년의 말이 끝나기도 전에 친구들은 책상을 치며 폭소를 터뜨렸고, 음악 선생님마저 냉소적인 태도로 대꾸했습니다.

"네 목소리는 바람에 문풍지가 우는 것 같으니 다른 길을 찾아봐."

자신의 꿈이 송두리째 부정당한 소년은 크게 낙담했지요. 그때 농장에서 일하던 어머니가 소년에게 말했습니다.

"얘야, 네 목소리는 누구보다 개성이 강해. 매일 기도해 보렴. 그러면 지금보다 훨씬 좋은 성대를 가질 거야."

소년은 어머니의 격려에 힘을 얻어 꿈을 향해 열심히 노력했습니다. 그리고 마침내 세계적인 테너로 우뚝 섭니다. 누구냐고요? 바로 이탈리아의 전설적인 테너로 추앙받는 엔리코 카루소입니다.

자칫 꿈을 포기할 수 있는 좌절의 문턱에서 우리의 등을 밀어주는 것은 따스하고 진심 어린 격려입니다.

8

자신에 대한 확고한 믿음

프랑스 노르망디의 그레비르 마을에 한 화가가 살고 있었습니다.

화가는 오전에는 부모를 따라 농사일하고 오후에는 화실에서 그림을 그렸는데 주로 한가로운 전원풍경을 그렸습니다.

"풍경화는 상품 가치가 떨어지네. 그러니 다른 그림을 그려 보게."

그림이 거의 팔리지 않는 화가에게 주변에서 한 충고입니다.

그러나 그런 충고를 들을 때마다 화가는 한 가지 말만 되풀이했습니다.

"내 그림에서 자연을 향한 신의 사랑이 느껴지길 바랄 뿐입니다."

이 가난한 화가가 '이삭줍기'를 완성했을 때 8남매는 굶고 있었습니다. '만종'이 완성됐을 때 가난한 아내는 해산을 걱정하고 있었고요. 그러나 화가는 굳게 믿었습니다. 언젠가는 사람들이 자신의 그림을 보며 하나님을 찬양할 날이 반드시 오리라고요.

그리고 그는 마침내 농부였던 자신의 경험을 토대로 농부들의 일상을 그려 뛰어난 걸작품을 남겼습니다. 이 화가의 이름은 장 프랑수아 밀레입니다. 이제 우리는 밀레의 그림을 보며 평화와 안식을 얻고 있습니다.

"자신의 대한 확고한 믿음은 슬럼프를 극복하는 첫째 조건"이라는 하워드 캐칭스의 말이 떠오릅니다.

9

선행의 아름다움

브라질의 오지에서 의료활동을 펼친 선교사 부부가 있었습니다. 이 부부는 평생 4번 이름이 바뀌었다고 합니다.

그들이 한 인디언 마을에 처음 도착했을 때 인디언들은 그들을 '백인'이라고 불렀습니다. 그 호칭에는 과거 자신들을 괴롭힌 백인들에 대한 증오가 담겨 있었으나, 선교사 부부는 비난을 묵묵히 감수하며 병들어 죽어가는 인디언들의 질병을 치료해 주었지요. 그러자 인디언들은 그들에게 '존경하는 백인'이라는 이름을 붙였습니다.

선교사 부부는 인디언과 같은 옷을 입고 같은 음식을 먹으며 생활했습니다. 10년 동안 열심히 인디언 말을 배워 그들과 유창하게 대화를 나누게 되었지요. 그러자 이번에는 그들에게 '백인 인디언'이란 호칭이 생겼습니다.

그러던 어느 날 선교사 부부가 무릎을 꿇고 앉아 부상당한 인디언 소녀의 발을 씻어주었습니다. 그날부터 선교사 부부는 '하늘의 천사'로 불렸다고 합니다.

어떤 일이든 좋은 끝은 있는 법이라고 믿으며 살면 조금쯤은 더 따스한 세상이 되지 않을까요.

10

자선, 신념, 감사

세계적 대부호이자 석유왕 록펠러에게는 3가지 기록이 있습니다.

1) '자선'의 기록입니다. 그는 록펠러재단을 만들어 병원, 교회, 학교 등의 문화사업과 자선사업을 하고 있습니다.

2) '인생역전'의 기록입니다. 첫 여인에게 가난뱅이라는 이유로 버려졌습니다. 그러나 그는 자신만의 신념으로 그 고난을 디딤돌 삼아 세계에서 가장 부유한 재벌로 우뚝 섰지요.

3) '장수'의 기록입니다. 록펠러는 98세까지 장수를 누렸고, 눈을 감을 때까지 치아와 위장은 여전히 건강했다고 합니다.

그렇다면 록펠러가 3대 기록을 세우게 된 원동력은 무엇일까요?

첫째는 감사의 마음입니다. 그는 어떤 상황에서도 남을 비난하지 않았습니다.

둘째는 경건한 생활입니다. 그는 한 번도 술과 담배를 입에 대지 않았습니다.

셋째는 성경묵상입니다. 90세가 넘어 눈이 안 보이게 됐을 때도 사람을 고용해 성경을 읽게 했다고 합니다.

자선과 신념, 그리고 감사하는 마음이 세계 최고의 부자인 록펠러가 장수하게 된 일등 공신인 것입니다.

11

한 치 앞도 못 보면서

어떤 부자가 노새 두 마리에 돈과 곡식을 가득 싣고 여행을 떠났습니다.

곡식을 실은 노새는 짐이 무거워 진땀을 뻘뻘 흘렸고, 돈을 실은 노새는 짐이 가벼워서 룰루랄라 콧노래를 불렀지요.

돈을 실은 노새가 곡식을 실은 노새를 쳐다보더니 잘난 척하며 말했습니다.

"이 못난 놈아, 나를 봐봐. 가벼운 돈을 실으니 이렇게 편하지 않니. 주인에게 귀여움을 받으면 만사가 편한 법이야."

그러던 중 산길에 접어들자 갑자기 산적들이 나타났습니다. 산적들은 곡식은 거들떠보지도 않고 돈을 실은 노새를 덮쳤습니다. 노새는 산적들의 칼을 피하느라 이리저리 뛰어다니다가 크게 다치고 말았지요.

그때 곡식을 실은 노새가 말했습니다.

"내가 주인에게 미움받은 것이 오히려 득이 됐구나. 앞일은 누구도 예측할 수 없으니 편하다고 자랑할 것도 없지!"

한 치 앞도 못 보며 사는 것이 인생입니다. 언제, 어떻게 상황이 뒤바뀔지 아무도 모릅니다. 그러니 자랑을 일삼는 것처럼 어리석은 일도 없겠지요.

12

잘할 수 있는 일에 집중하면

영국의 BBC방송은 '20세기 최고의 인간승리자'로 수영선수 피터 헐을 선정한 바 있습니다. 그는 태어날 때부터 팔다리가 없었다고 합니다. 그가 초등학교에 입학원서를 제출했을 때 학교 측은 학부모들의 반대가 심하다면서 입학을 거절했습니다.

그런데도 부모님은 헐에게 남들과 다른 것이 전혀 없다고 늘 말해 주면서 보통 아이로 키웠습니다. 파티에도 데려가고 모임에도 참석시켰지요. 어머니는 매일 아들의 귀에 속삭였습니다.

"너는 건강한 사람보다 장점이 많아. 용기를 잃지 마."

헐은 열 살 때부터 수영을 배웠는데 팔다리 대신 머리를 움직여 방향을 잡고 팔을 휘저었습니다. 성적은 꼴찌였으나 실망하지 않고 고된 훈련을 계속했지요. 지난 88년 서울 장애인올림픽에 영국 대표로 출전하였고 91년에는 영국을 빛낸 공로로 '영국 왕실 훈장'을 받기도 했습니다. 92년 바르셀로나 장애인올림픽에서 마침내 3개의 금메달을 따낸 후 그는 말했습니다.

"짧은 팔은 움직이기 쉬웠고 허벅지뿐인 다리는 물을 이용하는데 장애가 되지 않았다. 나를 보통 사람으로 인정해 준 어머니에게 영광을 돌린다."

잘할 수 있는 일에 집중하면 장애도 극복할 수 있습니다. 육체의 장애보다 마음의 장애가 더 무섭습니다.

13

정신만 차려도

페루 선원들이 아마존강을 항해하고 있을 때였습니다. 저 멀리 강 위에 멈춰 서 있는 거대한 배 한 척이 보였습니다. 스페인 배였습니다. 페루 선원들이 배에 올라가 보니 수십 명의 스페인 사람들이 입술은 새까맣게 탄 채 쓰러져 있었습니다.

깜짝 놀란 페루 선원들이 스페인 사람들을 흔들어 깨우며 물었습니다.

"도대체 어떻게 된 일인가요? 무엇을 도와 드릴까요?"

그나마 의식이 있던 스페인 사람 중 한 명이 대답했습니다.

"제발 마실 물 좀 주세요. 우리는 지금 물이 없어 죽어가고 있습니다."

그 말을 듣자마자 페루 선원들이 아마존 강물을 퍼 올려 스페인 사람들에게 먹였습니다. 물을 마신 사람들은 그제야 겨우 정신을 차리게 되었지요.

그런데 사실 스페인 배는 바다가 아닌 아마존 강에 떠 있었습니다. 넓은 바다에서 길을 잃었다고만 생각한 스페인 사람들은 그곳이 바다인 줄만 알고 물을 퍼 올려 먹을 생각을 못 했던 것입니다. 이미 절망의 그림자에 휩싸여 먼저 포기하고 말았던 것이지요.

호랑이에게 물려 가도 정신만 차리면 산다고 했습니다. 아무리 위급한 상태에 몰려도 정신만 똑똑히 차리면 화를 면할 수 있겠지요.

14

실패, 성공의 또 다른 이름

세계에서 가장 많은 발명을 남긴 사람으로 우리에게 익숙한 발명왕 에디슨은 축전기를 만들기 위해 무려 2만 번의 실험을 거쳤다고 합니다. 그런데도 납을 대신할 물체를 찾아낼 수 없어 2만 번의 실험이 허사로 돌아갈 상황이었습니다.

어느 날 한 방문객이 에디슨에게 위로의 말을 건넸습니다.

“2만 번이나 실험에 실패했으니 얼마나 상처가 크십니까?”

그러자 에디슨이 정색하며 말했습니다.

“아뇨. 실험에는 실패가 없습니다. 2만 번의 실패가 2만 개의 실패 노하우를 가져다주었으니까요. 이것이 바로 실패하지 않은 이유입니다.”

이처럼 에디슨은 부정을 긍정으로 바꾸는 낙관론자였습니다.

한번은 연구소에 화재가 발생해 소중한 실험 기계를 모두 잃게 되었습니다. 그는 까만 숯으로 변한 실험 기계를 바라보면서도 긍정을 잃지 않았습니다.

“나의 실패들이 모두 자취를 감추었다. 얼마나 감사한가. 이제부터 새롭게 시작할 수 있으니 이 또한 얼마나 감사한가!”

대형화재가 발생한 3주 후에 에디슨은 축음기를 발명했습니다.

“나는 실험에 실패할 때마다 성공을 향해 한 발짝 다가가고 있다고 생각한다.” – 토머스 에디슨

15

감사하는 마음

극심한 흉년이 들었던 독일의 한 시골 마을 이야기입니다. 마을 사람들은 다들 굶어 죽는다고 아우성치고 있었지요.

이 마을에는 비교적 살림이 넉넉한 노부부가 살고 있었습니다. 노부부는 어린아이들만큼은 굶게 해선 안 된다는 생각에 아침마다 마을 입구에서 아이들을 불러 모았습니다.

"얘들아, 누구든지 와서 빵을 하나씩 가져가렴."

아이들은 서로 더 큰 빵을 차지하려고 다투기만 할 뿐 누구도 노부부에게 감사할 줄은 몰랐죠.

그중 한 소녀만이 항상 맨 마지막으로 남은 작은 빵을 가져갔습니다. 그러고는 빵을 손에 든 채 매일 노부부에게 "감사합니다"라고 공손한 인사를 올렸습니다. 노부부는 그런 소녀를 매우 기특하게 여겼지요.

그러던 어느 날 소녀는 빵 속에서 금화와 편지 한 장을 발견했습니다. 편지에는 "감사할 줄 아는 너를 위해 마련한 작은 선물이란다"라는 글이 적혀 있었습니다. 열악한 상황 속에서도 감사하는 마음을 잊지 않았던 소녀에게 내린 노부부의 상이었던 것입니다.

"가진 것에 감사하십시오. 당신은 더 많은 것을 갖게 될 것입니다. 당신이 갖지 못한 것에 집중한다면 결코 충분하지 않을 것입니다." – 오프라 윈프리

16

진정한 삶의 척도

영국의 대부호인 케어리와 두 아들의 이야기입니다.

케어리는 평소 두뇌가 명석하고 옥스퍼드 대학을 졸업한 두 아들, 조지와 윌리엄을 큰 자랑으로 여겼습니다.

하루는 케어리가 두 아들을 불러 장래 희망을 물었습니다.

"아버지의 대를 이어 대부호가 되는 것입니다."

큰아들인 조지의 대답을 듣고 케어리는 만족했습니다.

"저는 인도 선교사가 되어 영혼을 구원하겠습니다."

반면 작은아들 윌리엄의 대답은 케어리를 실망시켰죠. 그는 윌리엄에게 어리석은 녀석이라고 야단을 쳤습니다.

세월이 흐른 후 두 사람의 인생은 각자의 희망대로 이루어졌습니다. 조지는 대부호이자 정치가로 명성을 얻었고, 윌리엄 또한 인도 선교사가 됐지요.

대영백과사전에는 두 사람의 이름이 모두 수록되어 있습니다. 윌리엄에 대해서는 두 면을 할애해 자세히 소개하고 있으나, 대부호인 조지에 대한 소개는 단 한 줄뿐이었습니다. "윌리엄 케어리의 형"이라고 말입니다.

진정한 삶의 척도는 단순한 부가 아닌 희생과 헌신이 아닐는지요.

17

미덕의 근본, 겸손

미국에서 일어난 4년간의 남북전쟁이 북군의 승리로 끝나고, 두 사람의 영웅이 극적으로 만났습니다. 북군의 지도자로서 노예해방을 위해 싸운 링컨 대통령과, 『톰 아저씨의 오두막』이란 작품을 통해 인간 평등을 주장한 해리엇 스토 부인이었습니다.

링컨은 처음 만난 스토 부인을 보고 깜짝 놀라서 말했습니다.

"선생님이 정말 스토 부인입니까? 뜻밖인데요. 위대한 소설을 쓰신 분이라 용모도 헤라클레스처럼 강인할 줄 알았습니다."

그 말을 들은 스토 부인이 잔잔한 미소를 지으며 답했습니다.

"사실 그 소설을 쓴 사람은 제가 아닙니다. 노예제도를 노여워하신 하느님이 쓰신 것이지요. 저는 단지 그분의 도구였을 뿐입니다."

스토 부인이 연이어 말했습니다.

"각하의 모습도 제가 상상한 것과 다릅니다. 굉장히 무섭게 생기신 줄 알았는데 의외로 인자한 표정이시군요."

링컨도 화답했습니다.

"사실은 제가 싸운 것이 아닙니다. 저도 작은 도구였을 뿐입니다."

두 영웅의 겸손한 고백은 지금도 미국인들 입에 오르내리고 있다고 합니다.

"겸손한 사람보다 힘이 강한 사람은 없다. 겸손한 사람은 자기 자신을 떠나서 신과 함께 하는 사람이다." - 레프 톨스토이

18

누가 보든 안 보든

고대 아테나의 조각가 페이디아스는 서양 고대 최고의 조각가로 유명합니다. 그의 작품 중 세계적인 걸작으로 꼽히는 '다이아나' 상을 조각할 때의 일입니다.

페이디아스가 거의 완성 단계에 이른 다이아나 상을 계속하여 손질하고 있었습니다. 그 모습을 본 제자가 물었습니다.

"스승님, 지금 무엇을 하고 계십니까?"

페이디아스가 당연하다는 듯이 대답했습니다.

"다이아나 상의 뒤 머리카락 한 오라기를 다듬는 중일세."

제자가 답답하다는 듯이 대꾸했습니다.

"다이아나 상은 지상 1백 피트 높이에 세워질 것입니다. 동상의 뒤통수를 볼 사람은 아무도 없지 않습니까."

그러자 페이디아스가 화를 벌컥 내며 말했습니다.

"지금 하늘과 내가 보고 있지 않은가!"

"끝을 맺기를 처음과 같이 하면 실패가 없다. 마지막에 이르기까지 처음과 마찬가지로 주의를 기울이면 어떤 일도 해낼 수 있을 것이다." – 노자

19

명판결이란

미국 뉴욕시 즉결심판부의 라구아디아 판사가 맡았던 재판 이야기입니다. 가게에서 빵을 훔친 한 노인이 법정에 섰습니다.

"재판장님, 사흘을 굶었습니다. 그때부터는 아무것도 보이지 않아 그만 빵을 훔치고 말았습니다."

라구아디아 판사가 근엄한 표정으로 판결을 내렸습니다.

"당신의 절도 행위는 벌금 10달러에 해당합니다. 그렇지만 그 벌금은 내가 내겠습니다."

판사는 지갑에서 돈을 꺼내 들고 재판정을 향해 말했습니다.

"이 돈은 그동안 내가 너무 좋은 음식을 많이 먹은 죄에 대한 벌금입니다. 여러분들도 너무 많이 먹은 죄에 대한 벌금을 내고 싶다면 모자에 돈을 담으십시오."

재판정에 모인 사람들로부터 즉석에서 47달러가 모아졌습니다. 이 돈을 전달받은 노인이 울먹이며 말했습니다.

"이제는 작은 일부터 시작하겠습니다. 결코 남의 물건을 훔치는 짓은 하지 않을 것입니다."

라구아디아의 명판결은 시민들에게 널리 알려졌고, 그는 훗날 뉴욕시장에 당선됐다고 합니다.

"법률이 정당하면 백성이 성실하게 잘 지키고, 판결이 온당하면 백성이 충실하게 잘 따른다." – 사기

20

가시가 아닌 꽃을 보라

엘리너 루스벨트 여사는 미국 역사상 가장 영향력 있는 영부인으로 존경받고 있습니다. 엘리너 여사는 항상 밝은 표정으로 주위 사람들을 즐겁게 해주었지요.

그러나 엘리너 여사가 열 살 때 고아가 됐다는 사실을 아는 사람은 거의 없습니다. 소녀는 한 끼 식사를 위해 혹독한 노동을 해야 했습니다. 심지어 돈을 '땀과 눈물의 종잇조각'이라고 부를 정도였지요.

그런데 엘리너 여사에게는 남들이 갖지 못한 훌륭한 자산이 있었습니다. 바로 낙관적 인생관이지요.

자신의 여섯 자녀 중 한 아이가 사망했을 때도 말했습니다.

"아직 내가 사랑할 수 있는 아이가 다섯이나 있어."

인생의 말년에 남편 루스벨트가 소아마비를 앓게 되어 휠체어 인생이 됐을 때 루스벨트가 엘리너에게 농담조로 물었습니다.

"당신, 불구인 나를 아직도 사랑하오?"

엘리너 여사가 대답했습니다.

"당연하지요. 내가 당신의 다리만 사랑한 건 아니잖아요."

"낙관주의자는 장미에서 가시가 아니라 꽃을 보고, 비관주의자는 꽃은 망각하고 가시만 쳐다본다." – 칼릴 지브란

21

포기하지 않는 한 불가능은 없습니다

러시아를 대표하는 대문호 표도르 도스토예프스키는 20년 넘게 글을 쓰면서도 평론가들로부터 "너저분한 잡동사니 같은 글만 쓴다"라는 비판을 받았습니다.

스타벅스의 창업자 하워드 슐츠는 사업 계획서를 가지고 무려 217명을 만났지만, 성공 가능성이 높지 않다는 이유로 번번히 거절당했습니다.

농구황제 마이클 조던은 NBA 시절 9,000회의 슛을 실패하고 3,000회의 경기에서 패배했습니다.

세계 애니메이션의 역사인 월트 디즈니는 빈민가에서 남들이 먹다 버린 빵을 주워 먹던 청년이었습니다.

프랑스 패션의 전설 크리스챤 디올은 수십 곳의 의상실로부터 "당신은 절대 패션디자이너가 될 수 없다"라는 말을 들었습니다.

20세기 최고의 펀드매니저 조지 소로스는 손님들이 남기고 간 음식으로 주린 배를 채우던 술집 웨이터였습니다.

노벨문학상을 수상한 헤밍웨이는 잡지 편집장으로부터 "이런 글 실력으로는 절대 작가가 될 수 없다"라는 핀잔을 받았습니다.

"인간을 앞으로 나아가게 하는 것은 희망이 아니라 의지, 인간을 뒤로 물러서게 하는 것은 절망이 아니라 포기이다." – 앙즈

22

암세포도 죽이는 명약, 희망

1982년 미국 보스턴의 한 병원에 일곱 살 된 소년 숀 버틀러가 뇌암과 싸우고 있었습니다. 이미 의사로부 회생 불가라는 판정을 받은 상태였지요. 야구광인 숀은 보스턴 레드삭스의 홈런타자 스테플턴의 열렬한 팬이었습니다.

어느 날 숀의 아버지가 스테플턴에게 편지 한 통을 보냈습니다.

"내 아들은 지금 뇌암으로 죽어가고 있습니다. 당신의 열렬한 팬인 숀이 마지막으로 당신을 한번 보기 원합니다."

편지를 받고 스테플턴은 숀이 입원해 있는 병원을 방문했습니다.

"숀, 내가 스테플턴이야. 내일 너를 위해 멋진 홈런을 날려주마. 희망을 버리지 마."

숀은 눈을 번쩍 뜨며 반갑게 야구영웅을 맞았습니다. 이튿날 스테플턴은 소년과의 약속을 지켜 홈런을 쳤습니다. 그 소식은 숀에게 그대로 전달되었고 소년은 병상에서 환호했지요.

그때부터였습니다. 소년의 병세가 기적적으로 호전되어 5개월 후에는 암세포가 말끔히 사라지게 된 것입니다.

"위대한 희망이 가라앉는 것은 해가 지는 것과 같다. 매일 희망이라는 태양이 떠오르게 하자." - 헨리 워즈워스 롱펠로

23

과정의 중요함

1841년 미국의 한 여객선이 빙산에 부딪혀 침몰했습니다. 구명보트는 단 한 대뿐. 사람들은 구명보트에 오르기 위해 아비규환이었습니다. 구명보트의 탑승 인원은 제한돼 있었지만, 너무 많은 사람이 탑승하는 바람에 구명보트까지 침몰하기 시작했습니다. 이 여객선의 홈스 선장은 일부 승객들을 구명보트 밖으로 내몰았습니다. 다수를 살리기 위해 어쩔 수 없이 소수의 희생을 택한 것이지요. 끝까지 구명보트에 남아 있던 사람들은 극적으로 구조됐습니다.

이후 홈스 선장의 행위에 대한 법원의 판결이 어떻게 날지 의견이 분분했습니다.

"소수를 희생해 다수를 살린 홈스 선장에게 훈장을 주자."

"무고한 생명을 바다에 밀어 넣은 비정함을 무거운 형벌로 다스리자."

미국의 대법원은 홈스 선장에게 사형을 선고했습니다. 생명과 인권을 소중하게 여기는 미국의 전통에 따른 판결이었고, 결과보다 과정에 비중을 둔 것이었죠. 홈스 선장은 재커리 테일러 대통령의 특사령으로 사형집행만은 면했다고 합니다.

과정이 짧으면 결과도 짧고 과정이 없으면 결과도 없습니다. 어떤 선택이든 과정이 중요함을 명심해야겠습니다.

24

불만이란 독

한 대학 동창의 송년 모임에서의 일입니다. 40대 가장들로서 오랜만에 만난 네 친구는 각자 삶에 대한 불만을 털어놓았습니다.

먼저 대기업에 다니는 친구가 말했습니다.

"요즘 술을 너무 많이 마셨어. 아마 간에 탈이 났을 거야."

그러자 기업을 운영하는 친구가 그 말을 받았습니다.

"회사 문 닫고 어디론가 도망가고 싶은 심정이야."

이번에는 고등학교 교사인 친구가 말했습니다.

"요즘엔 학생들을 가르칠 맛이 안 나. 모두 때려치워야지."

마지막으로 의사인 친구가 한숨을 쉬며 투덜거렸습니다.

"아내에게 실망했어. 아무래도 결혼을 잘못한 것 같아."

몇 년 후 네 친구가 다시 만났습니다. 그런데 그들은 한결같이 비참한 몰골을 하고 있었습니다. 샐러리맨은 간암 선고를 받았고, 기업인은 파산했으며, 교사는 파면당했고, 의사는 이혼을 했습니다.

"인간의 행복의 원리는 간단하다. 불만에 자기가 속하지 않으면 된다. 어떤 불만으로 해서 자기를 학대하지 않으면 인생은 즐거운 것이다." - 러셀

25

우왕좌왕하다간

조엘 해리스가 쓴 『리머스 아저씨』라는 흑인들을 위한 우화집 중에 「토끼 브레어」라는 동화가 있습니다.

토끼 브레어는 어느 날 같은 시간에 두 집에서 만찬 초청을 받습니다. 한 집은 테리핀 씨 집이었고 또 한 집은 포숨 씨 집이었습니다. 브레어는 그날 상황을 보아 편리한 쪽으로 가야겠다고 생각했지요.

약속한 날에 브레어는 일찍 집을 나섰습니다. 그는 두 집으로 가는 길이 갈리는 지점부터 갈등하기 시작했습니다.

'어느 집이 음식을 더 잘 차렸을까? 테리핀 씨네 요리 솜씨가 좋다던데….'

브레어는 테리핀 씨의 집으로 향했습니다. 한참을 가는데 또 다른 생각이 고개를 들었습니다.

'포숨 씨는 부자라서 요리가 훨씬 다양할 텐데….'

브레어는 방향을 바꿔 포숨 씨의 집으로 향했습니다.

그런데 브레어가 결정을 내리지 못하고 두 집 사이를 왔다 갔다 하는 동안에 만찬은 끝나버리고 말았습니다. 브레어는 신용과 진수성찬을 둘 다 잃고 만 것이지요.

토끼 브레어처럼 너무 이것저것 재다가 우왕좌왕하다 보면 정작 중요한 것을 놓치게 됩니다. 인생도 마찬가지입니다.

26

선한 일을 행하면

미국 텍사스에서 어느 부자의 유산을 모두 물려받아 하루아침에 벼락부자가 된 할머니의 사연입니다.

한 부호가 유서를 남기지 않고 갑자기 사망했습니다. 부호는 30년 전에 가출한 외아들을 끝내 만나지 못하고 외롭게 숨을 거두었죠. 부호가 소유한 집기들이 차례차례 경매에 붙여졌는데, 그중에서 경매원이 작고 오래된 사진틀 하나를 5달러에 내놓았습니다.

그런데 아무도 사려는 사람이 없었습니다. 그때 수십 년 동안 부호의 집에서 가정부로 일했던 한 할머니가 손을 들었습니다. 경매원은 할머니가 너무 불쌍해 1달러에 사진틀을 팔았죠.

사실 할머니는 사진틀에 욕심이 있었던 것이 아니라, 한때 자신이 돌보았던 주인 아들의 사진이 들어 있었기 때문에 그 사진틀을 산 것입니다. 이후 할머니는 사진틀 뒤에서 종이쪽지를 발견했습니다. 대부호가 남긴 유서였죠.

"내가 사랑하는 아들의 사진을 소유한 사람에게 모든 재산을 주어라."

결국 수백 억대의 재산은 할머니 차지가 된 것입니다.

욕심부리지 않고 선한 일을 하는 사람에게는 하늘도 복을 내려줍니다.

27

진정한 사랑

숭고한 사랑으로 지금도 사람들 입에 자주 오르내리는 한 부부의 사랑 이야기입니다. 폴란드의 바사 공작과 부인 카타리나 자겔로가 그 주인공입니다.

폴란드의 에릭 왕은 바사 공작에게 반역죄를 적용해 종신형을 선고했습니다. 공작의 부인인 카타리나가 왕을 찾아가 애원합니다.

"왕이시여, 저도 남편과 함께 복역할 수 있게 선처해 주십시오."

"부인은 종신형이 무엇인지 모르고 있소. 죽을 때까지 감옥에서 벗어나지 못하는 무서운 형벌이오. 아무 죄도 없는 당신이 왜 옥살이를 하려는 거요?"

카타리나는 손가락의 반지를 빼서 왕에게 보여주며 애원했습니다. 그 반지에는 '모스 솔라(Mors sola)'라는 글귀가 새겨져 있었지요. 그 뜻은 '죽음이 우리를 갈라놓을 때까지'였습니다.

"종신형을 받았어도 남편은 여전히 저와 한 몸입니다. 결혼식 때의 약속은 지금도 유효합니다. 저도 감옥에 함께 넣어 주십시오."

결국 카타리나는 남편과 한 감방에 투옥돼 17년을 복역했습니다. 그 후 에릭 왕이 죽자 부부는 함께 석방되었지요.

"진정한 사랑은 바로 일어나지 않습니다. 여러 번의 기복을 겪고 함께 고생하고 함께 울고 함께 웃을 때 발전합니다." – 리카르도 몬 탈반

28

행운을 놓치지 않으려면

미국 뉴욕 브루클린에서 정육점을 운영하고 있던 윌리엄 리바인의 이야기입니다. 이 사람처럼 불행한 사람도 없다고 할 수 있습니다. 그도 그럴 것이 한 달 동안 무려 네 번이나 강도를 만나 빈털터리가 되고 말았기 때문입니다.

그때부터 리바인은 강도로부터 생명을 보호하기 위해 방탄조끼를 입고 근무했습니다. 이 모습을 보고 주변의 상인들이 물었지요.

"우리도 생명을 보호하기 위해 당신처럼 방탄조끼를 입어야겠네. 어디서 구입할 수 있지?"

리바인은 상인들에게서 방탄조끼 주문을 받기 시작했습니다. 시간이 지날수록 주문이 점점 늘어나 그는 정육점을 정리하고 방탄조끼 주식회사를 설립하게 됐습니다. 이후 회사가 크게 성장하여 세계 40개 도시에 지사를 세우고 일약 국제적인 기업으로 발전했습니다. 리바인은 회장으로 취임하며 다음과 같은 연설을 했습니다.

"강도를 네 번 만난 것이 내게는 행운이었다. 만약 내가 강도를 만나지 않았더라면 지금도 칼을 들고 고기를 자르고 있었을 것이다."

"행운은 눈이 멀지 않았다. 따라서 부지런하고 성실한 사람을 찾아간다. 노력하는 사람에게 행운이 찾아온다." - 클레망소

29

의술(醫術)은 인술(仁術)

영국의 한 시골 병원에 초라한 행색의 부인이 와서 애원했습니다.

"의사 선생님, 지금 제 남편이 죽어갑니다. 제발 살려주세요."

의사가 하던 일을 멈추고 서둘러 왕진 가방을 챙겨 들었습니다.

부인은 의사의 눈치를 살피며 조심스레 말했습니다.

"선생님, 정말 죄송한데 저는 가진 돈이 한 푼도 없습니다."

의사가 아무렇지 않은 듯 대답했습니다.

"그게 무슨 대수입니까. 사람부터 살려야지요."

의사는 그 즉시 부인을 따라 낡고 초라한 집에 도착해 서둘러 쓰러져 있는 부인의 남편을 진찰했습니다.

"큰 병은 아니니 안심하십시오."

"정말 감사합니다, 선생님."

약을 처방하기 위해 병원으로 돌아온 의사는 부인에게 작은 상자를 하나 건넸습니다.

"이 상자는 반드시 집에 가서 열어 보세요. 이 안에 적힌 처방대로 하면 남편분의 병은 금세 나을 겁니다."

부인은 의사가 시키는 대로 집에 돌아와 그 상자를 열어 보았습니다. 놀랍게도 상자 안에는 처방 약 대신 한 뭉치의 지폐가 들어 있었고 작은 쪽지에 처방전이 적혀 있었습니다.

[처방전] 남편분은 극도의 영양실조 상태입니다. 이 돈으로 뭐든 드시고 싶은 음식을 사 드리세요.

부인은 감격한 나머지 눈물을 떨어뜨리며 오랫동안 그 처방전을 들여다보았습니다.

부인에게 친절을 베푼 이 의사는 바로 일평생 사랑의 인술을 펼친 영국의 유명한 의사 올리버 골드스미스였습니다.

의술(醫術)을 인술(仁術)로 쓸 줄 아는 의사들이 우리 사회에도 좀 더 많아졌으면 좋겠습니다.

30

일상의 소중함

헬렌 켈러가 쓴 『3일만 볼 수 있다면』이란 수필이 있습니다. 이 수필을 읽다 보면 우리가 감사해야 할 것이 얼마나 많은지 깨닫게 됩니다. 20세기 최고의 수필로도 꼽히는 글의 내용 중 한 구절을 소개합니다.

"만약 내가 3일만 볼 수 있다면 첫날에는 나를 가르쳐준 설리번 선생님을 찾아가 그분의 얼굴을 바라보겠습니다. 그리고 산으로 가서 아름다운 꽃과 풀과 빛나는 놀을 보고 싶습니다. 둘째 날엔 새벽에 일찍 일어나 먼동이 터오는 모습을 보고 싶습니다. 저녁에는 영롱하게 빛나는 하늘의 별을 보겠습니다. 셋째 날엔 아침 일찍 큰길로 나가 부지런히 출근하는 사람들의 활기찬 표정을 보고 싶습니다. 점심때는 아름다운 영화를 보고 저녁에는 화려한 네온사인과 쇼윈도의 상품들을 구경하고 저녁에 집에 돌아와 사흘간 눈을 뜨게 해주신 하나님께 감사의 기도를 드리고 싶습니다."

이 세계가 날마다 기적 같은 것임을 일깨워주었던 이 글은 당시 경제 대공황의 후유증에 허덕이던 미국인들을 위로했다고 합니다. 일상의 소중함을 되새겨 주는 글이기도 합니다.

지금 가지고 있고 일상에서 누리고 있는 많은 것에 진심으로 감사할 때 더 큰 행복과 평온이 찾아옵니다.

31

역경은 새로운 출발을 위한 자극

미국 부통령을 지낸 휴버트 험프리는 인생의 말년에 암과 투병하면서도 항상 새 출발의 정신으로 인생을 살았다고 합니다. 암 투병 중에도 웃음과 농담을 잃지 않았고, 리더스 다이제스트에 다음과 같은 글을 기고하기도 했습니다.

"사람들의 가장 큰 약점은 쉽게 포기한다는 것이다. 역경은 새로운 출발을 위한 자극일 뿐이다. 역경은 약간 시간이 걸려야 해결되는 문제일 뿐이다. 사람들은 예배 때 축도만을 기다린다. 나는 아직 한 번도 고별연설을 한 적이 없다."

역경까지도 새로운 출발을 위한 자극이라고 생각한 험프리의 굳센 기상에 존경을 표합니다.

32

웃음의 법칙 10가지

사람이 가장 아름다워 보일 때는 언제일까요? 바로 웃고 있을 때라고 합니다. 많이 웃는 사람은 행복하고 많이 우는 사람은 불행하다고 했지요.

매일 아래의 웃음의 법칙 10가지를 지키다 보면 오늘 하루가 행복해질 것입니다.

1) 크게 웃어라!

크게 웃는 웃음은 최고의 운동이며 매일 1분 동안 웃으면 8일을 더 오래 산다고 합니다.

2) 억지로라도 웃어라!

병도 무서워서 도망갈 것입니다.

3) 잠자리에서 일어나자마자 웃어라!

아침의 첫 번째 웃음은 보약 중의 보약입니다.

4) 시간을 정해 놓고 웃어라!

약만 시간 맞춰 먹지 말고 때맞춰 웃어보세요. 병원과 의사와는 영원히 결별입니다.

5) 마음까지 웃어라!
얼굴 표정보다 마음 표정이 더 중요합니다.

6) 즐거운 생각하며 웃어라!
즐거운 웃음은 즐거운 일을 창조합니다.

7) 함께 웃어라!
혼자 웃는 것보다 33배 효과가 있습니다.

8) 힘들 때 더 웃어라!
진정한 웃음은 힘들 때 웃는 것입니다.

9) 한번 웃고 또 웃어라!
웃지 않고 하루를 보낸 사람은 그날을 낭비한 것입니다.

10) 꿈을 이뤘을 때를 상상하며 웃어라!
꿈과 웃음은 한집에서 산답니다.

웃음은 정신과 몸 건강 모두에 긍정적인 효과를 불러옵니다. 지금 바로 웃어보세요. 당신의 수명이 연장될 것입니다.

33

인덕(人德)을 쌓는 하루

우리가 흔히 쓰는 인복(人福)과 인덕(人德)의 사전적 의미는 둘 다 '다른 사람의 도움을 많이 받는 복'을 말합니다. 그러나 조금 더 세밀히 들여다보면 인복과 인덕의 차이를 알 수 있습니다.

예를 들어, 자신은 별로 잘난 것도 없는데 주변에서 도와주는 사람이 많아 잘되고 있다면 그것이 바로 인복이 있는 것이라고 합니다.

반면 자기 스스로가 이미 언행에 덕이 갖추어져 있어, 남들의 도움을 받을 만하여 받는 것은 인덕이라고 합니다.

이렇게 따져보면 복은 받는 것이고 덕은 쌓는 것이니, 당연히 '복'보다 '덕'이 더 소중하고 더 깊이가 있다 할 수 있습니다.

지금부터라도 다른 이의 도움으로 복을 받는 것보다, 스스로 덕을 갖추어 나가는 인덕을 쌓아보는 것이 어떨까요. 그러면 더 큰 복을 받을 수 있지 않을까요.

하루하루 인덕 쌓는 일에 전력을 다하다 보면 그 인덕이 반드시 더 큰 복으로 되돌아올 것입니다.

34

덕분입니다!

우리말 '덕분에'와 '때문에'의 차이를 아시나요?

물론 사전의 정의에서는 '덕분'과 '때문'을 긍정과 부정으로 나누고 있진 않습니다. 그러나 일상에서는 대부분 전자는 감사, 존경, 칭찬 등의 긍정의 의미로 후자는 불평, 불만, 원망 등의 부정의 의미로 사용합니다.

일본의 '경영의 신'으로 불리는 파나소닉 창업자 마쓰시타 고노스케는 숱한 역경을 극복하고 94세까지 살면서 수많은 성공 신화를 이룩한 사람입니다. 그런 그가 자신의 인생승리 비결을 단 한마디로 설명했습니다. 바로 '덕분에'입니다.

"저는 가난한 집안에서 태어난 덕분에 어릴 때부터 갖가지 힘든 일을 하며 세상살이에 필요한 경험을 쌓았습니다. 저는 허약한 아이였던 덕분에 운동을 시작해 건강을 유지할 수 있었습니다. 저는 학교를 제대로 마치지 못했던 덕분에 만나는 모든 사람이 제 선생님이어서 모르면 묻고 배우면서 익혔습니다."

언제나 '덕분에'라는 긍정적인 생각과 태도로 운명을 개척해온 경영인이었기에 지금도 많은 일본인에게 존경받고 있는 것이지요.

여러분은 매사를 긍정적으로 보는 '덕분에'로 살고 있습니까? 아니면 늘 부정적으로 한탄하며 탄식하는 '때문에'로 살고 있습니까?

35

긍정의 점(點) 하나

'빚'이라는 글자에 점 하나를 찍어보면 '빛'이 됩니다.

'고질병'에 점 하나를 찍으면 '고칠 병'이 됩니다.

불가능하다는 Impossible에 점 하나를 찍으면 가능하다는 I'm possible이 됩니다.

부정적인 것에 긍정의 점 하나를 찍으니 절망이 희망으로 바뀐 것이지요.

거꾸로 써서 달라지는 경우도 있습니다.

'역경'은 '경력', '내 힘들다'는 '다들 힘내'가 됩니다.

띄어쓰기 하나로 문맥이 달라지는 것도 있습니다.

'Dream is nowhere(꿈은 어느 곳에도 없다)'가 'Dream is now here(꿈은 바로 여기에 있다)'로 바뀝니다.

당신이 어떤 마음으로 어떤 생각으로 삶을 바라보는가에 따라 오늘과 내일이 달라질 수 있음을 잊지 마십시오.

36

아끼다 똥 된다

'석인성시(惜吝成屎)'라는 말을 아시나요? 惜(아낄 석), 吝(아낄 린), 成(이룰 성), 屎(똥 시). 한자 그대로 풀이하면 아끼고 아끼다 똥 된다는 의미입니다. 즉 물건을 너무 아끼기만 하다가는 잃어버리거나 못 쓰게 됨을 말하지요.

집 안만 둘러봐도 쉽게 알 수 있을 것입니다. 값비싼 그릇이나 옷들은 보통 때는 쓰지 않아 먼지가 쌓인 채 장식장이나 옷장에 들어가 있지요. 아까워서 잘 사용하지 않아서입니다.

이렇듯 사람들 대부분이 제일 좋은 것은 써보지도 못한 채 죽는다고 합니다. 현재보다는 미래의 행복이 더 중요하다고 생각하기 때문일 터인데, 이럴 때 떠오르는 라틴어 시 구절이 있습니다.

"Carpe diem, quam minimum credula postero."

(현재를 잡아라. 내일이란 말은 최소한만 믿어라.)

고대 로마 공화정 말기 시인 퀸투스 호라티우스 플라쿠스의 라틴어 시인데 바로 여기에서 '카르페디엠'이란 말이 유래했습니다. 즉 '석인성시'나 '카르페디엠' 모두 내일을 위해 오늘을 희생하지 말라는 의미겠지요.

귀하고 좋은 것은 내일이 아닌 오늘 쓰고, 지금 있을 때 맘껏 누리고 사는 것이 더 현명하지 않을까요. 아끼다 똥 될지도 모르니 말입니다.

37

건강한 몸을 가지고 있는 것만으로도

자신의 가난한 처지에 대해 항상 불평을 늘어놓던 청년에게 어떤 노인이 물었습니다.

“자네는 이미 대단한 재산을 가졌으면서 왜 아직도 불평만 하고 있나?”

청년은 노인에게 되물었습니다.

“뭐라고요? 대단한 재산이라고요? 대체 저한테 무슨 재산이 있단 말이죠?”

“자네의 대단한 재산이 무엇인지 알고 싶은가? 자네의 양쪽 눈을 나한테 주게. 그러면 자네가 얻고 싶을 것을 주겠네.”

“네? 제 눈을 달라고요? 그건 안 됩니다!”

“"그래? 눈이 안 되면 자네 두 손을 주게. 그럼 내가 황금을 주겠네.”

“안 됩니다. 두 손은 절대 드릴 수 없어요.”

그러자 노인이 빙긋이 웃으면서 말했습니다.

“자넨 두 눈이 있어 배울 수 있고, 두 손이 있어 일할 수 있지 않은가? 이제 얼마나 훌륭한 재산을 가졌는지 알겠구먼.”

“건강을 당연하게 받아들이지 말라. 대체로 건강을 잃기 전에는 건강에 대해 감사할 줄 모르는 법이다.” – 어니 J. 젤린스키

38

최고의 싸움닭은?

주나라의 선왕(宣王)은 닭싸움을 매우 좋아했습니다. 어느 날 투계(鬪鷄) 조련사에게 최고의 싸움닭을 만들어 달라고 했지요. 열흘이 지나서 왕이 조련사에게 물었습니다.

"닭이 싸우기에 충분한가?"

"아닙니다. 닭이 강하긴 하나 교만하여 자신이 최고인 줄 압니다. 아직 멀었습니다."

열흘이 또 지나 왕이 묻자 조련사가 답했습니다.

"교만함은 버렸으나 상대방의 소리와 행동에 너무 조급하게 반응하기 때문에 인내심과 평정심을 더 길러야 할 것 같습니다."

다시 열흘 뒤에 왕이 묻자 조련사가 답했습니다.

"조급함은 버렸으나 눈초리가 상대방을 노려보는 눈초리가 너무 공격적입니다. 아직은 안 됩니다."

마침내 40일째가 되던 날 조련사가 말했습니다.

"이제 된 것 같습니다. 상대방이 아무리 소리를 지르고 위협해도 아무 반응을 하지 않습니다. 완전히 평정심을 찾았습니다. 다른 닭이 아무리 도전해도 혼란이 없어 마치 나무와 같은 '목계(木鷄)'가 됐습니다. 이젠 어떤 닭이라도 모습만 봐도 도망칠 것입니다."

사람도 크게 다르지 않습니다. 교만하고 조급하며 공격적인 사람들이라면 목계 이야기를 되새겨봐야 합니다.

39

인내와 끈기

하루는 도끼, 톱, 망치가 쇳덩이를 앞에 놓고 누가 쇳덩이를 부술지 힘 대결을 하고 있었습니다.

먼저 도끼가 나섰습니다. 도끼는 날을 세워 힘껏 쇳덩이를 내리쳤습니다. 도끼의 날만 무디어질 뿐 쇳덩이는 전혀 손상을 입지 않았습니다. 이번에는 톱이 나섰습니다. 날을 쇳덩이에 대고 열심히 톱질했으나 톱날만 망가지고 말았습니다.

지켜보고 있던 망치가 의기양양하게 나섰습니다. 망치는 있는 힘껏 내려쳤으나 잠깐 불꽃만 튈 뿐 쇳덩이는 끄덕하지 않았습니다.

도끼, 톱, 망치가 모두 포기하고 있을 때 작은 불꽃이 다가와 말했습니다.

"내가 한번 해볼까?"

작은 불꽃의 말에 모두 비웃었습니다.

"우리처럼 강한 자들이 못한 일을 작고 연약한 네가 어떻게 해?"

그러나 작은 불꽃이 쇳덩이를 끌어안고 떨어질 줄 모르자 쇳덩이가 조금씩 녹기 시작하더니 쇳물이 되어 흐르기 시작했습니다. 비웃기만 했던 도끼, 톱, 망치는 너무 놀라 입을 다물지 못했지요.

"최후의 승리는 인내하는 사람에게 돌아간다. 인내하는 데서 운명이 좌우되고 성공이 따르게 된다." – 나폴레옹 보나파르트

40

불평할 때마다

고양이 두 마리가 고기 한 덩어리를 놓고 싸움을 벌이고 있었습니다. 서로 상대보다 더 많이 먹겠다고 난리를 쳤죠.

이때 마침 꾀 많은 원숭이가 이 광경을 목격하고 참견했습니다.

"내가 공평하게 재판해 줄게."

고양이들은 원숭이에게 고깃덩어리를 가져다주었습니다. 원숭이는 일부러 크기에 차등을 두어 고깃덩이를 둘로 나누었습니다.

작은 것을 받아 든 고양이는 자기 것이 훨씬 작다고 불평을 터뜨렸습니다. 그러자 원숭이는 큰 것을 받아 들고 한 조각을 베어먹었습니다.

이번에는 다른 고양이가 자기 것이 작다고 불평했습니다. 원숭이는 또 다른 것을 한입 베어 물었습니다.

이렇게 몇 번을 계속하고 나니 남은 것은 겨우 고기 한 점이었습니다.

그제야 고양이들은 자신들이 처음 고깃덩어리에 만족하지 못하고 서로 싸움만 한 것을 후회하게 되었답니다.

자신이 가지고 있는 것에 만족하지 못하고 불평만 하면 있던 복도 날아감을 잊지 마십시오.

41

도약의 기회

한 가난한 정원사 청년의 이야기입니다.

그는 틈만 나면 나무 화분에 열심히 조각하는 일을 해왔습니다. 정원사 청년은 퇴근 시간 이후에도 정원에 남아 조각에 몰두하곤 했지요. 그의 손길이 스쳐 간 나무 화분들은 근사한 조각품으로 다시 태어났습니다.

어느 날 주인이 정원사 청년에게 물었습니다.

"너는 정원만 가꾸면 되고, 조각한다고 임금을 더 주는 것도 아닌데 왜 이런 수고를 하느냐?"

정원사 청년은 미소를 띤 채 말했습니다.

"저에게는 이 정원을 아름답게 꾸밀 의무가 있습니다. 나무 화분에 조각하는 것도 저의 업무 중 하나라고 생각합니다."

정원사 청년의 프로다운 책임감에 탄복한 주인은 장학금을 주어 미술학교에 입학할 수 있게 도왔습니다.

결국 청년은 세계적인 조각가이자 화가로 성장하여 수많은 걸작을 남긴 위대한 예술가가 되었습니다. 이 가난한 정원사의 이름은 미켈란젤로입니다.

"성장은 뜻밖의 어둠 속에서도 도약할 때 이루어진다." – 헨리 밀러

"현명한 사람은 기회를 찾지 않고, 기회를 창조한다." – 프랜시스 베이컨

42

대접받고 싶다면

어느 조그마한 마을의 성실한 이발사 이야기입니다.

하루는 마을을 순찰하던 경찰관이 이발소를 찾아왔습니다. 이발사는 정성스럽게 경찰관의 머리를 깎아주었습니다. 경찰관이 요금을 내밀자 이발사는 손을 저으며 말했습니다.

"마을을 위해 수고하는 당신에게 요금을 받지 않겠습니다."

이발사는 경찰관으로부터 매일 감사의 인사를 받았습니다.

이번에는 한 목사에게 무료로 이발해주었습니다. 복음을 전하는 목사에게도 요금을 받을 수 없었습니다. 이발사는 목사로부터 꽃다발과 감사의 편지를 받았습니다.

그다음 손님은 국회의원이었습니다. 이발사는 국가를 위해 봉사하는 의원의 노고에 감사를 표하며 무료로 이발해주었습니다. 그런데 이튿날 아침 눈을 뜬 이발사는 깜짝 놀라고 말았습니다. 이발소 앞에 다른 국회의원들이 공짜 이발을 받기 위해 길게 줄지어서 있었기 때문입니다.

경찰관과 목사가 감사함을 전한 것과 달리 너무나 상반된 반응이었습니다. 대접받는 일에 익숙한 우리네 정치인들을 보는 것 같아 뒷맛이 씁쓸합니다.

"옳은 일을 하라. 최선을 다하라. 당신이 대접받고 싶은 대로 다른 사람을 대접하라." – 루 홀츠

43

친절의 힘

한 젊은 부인이 술에 취해 폭력을 휘두르는 남편과 싸운 후 어린 딸을 데리고 집을 나왔습니다.

곧바로 택시를 잡아타고 친정집으로 향했는데, 30분 정도 달렸을까요? 친정집에 거의 도착할 즈음 택시 기사가 부인에게 조심스럽게 말했습니다.

"어린아이를 데리고 밤늦게 어딜 가세요? 남편분과 싸우기라도 하셨나요? 자세한 사정은 모르겠으나 이렇게 늦은 시간에 부모님 댁에 가면 얼마나 걱정하시겠어요? 택시비는 안 내셔도 되니 오늘은 그냥 집으로 돌아가시는 게 좋겠어요."

그러고는 뒷좌석에서 훌쩍거리고만 있는 부인의 마음을 헤아려 모녀가 처음 탔던 곳으로 데려다주었지요.

젊은 부인은 택시 기사의 친절함과 배려에 눈물이 나올 정도로 감격했고, 남편과 문제가 있을 때마다 그때의 운전기사를 두고두고 떠올린다는군요.

날이 갈수록 인정이 메말라 가는 세상에서 뜻하지 않은 친절을 만나게 되면 큰 힘이 됩니다. 누군가에게 베푼 친절은 절대 헛되지 않습니다.

44

링컨의 유머

1846년 링컨이 하원의원 선거에 입후보했을 때의 에피소드입니다.

링컨의 상대는 유명한 감리교 부흥 운동가 피터 카트라이트였습니다. 선거운동이 막바지에 이르렀을 무렵 링컨은 피터 카트라이트가 설교하는 한 집회에 참석하게 되었지요. 카트라이트는 열변을 토하며 설교하던 중 뜬금없이 청중을 향해 외쳤습니다.

"새 삶을 영위하고 충심으로 하나님을 사랑하며 천국에 가길 소망하는 사람들은 모두 일어나세요."

청중들은 제대로 알아듣질 못해 자리에서 일어선 사람이 몇 되지 않았습니다. 화가 난 카트라이트가 다시 청중에게 소리쳤습니다.

"천국 가기를 원하는 사람이 겨우 이 정도입니까? 그러면 지옥에 가기 싫은 사람들은 모두 일어나 보세요."

이번엔 모두 벌떡 일어섰습니다. 단 한 사람, 링컨만 빼고 말이지요. 그러자 카트라이트가 링컨을 향해 물었습니다.

"아니, 링컨 당신은 지옥에 가고 싶단 말이오?"

링컨은 카트라이트와 청중을 향해 웃으며 대답했습니다.

"지금은 천당도 지옥도 가고 싶지 않소. 난 하원으로 가고 싶소."

링컨의 유머러스한 대답에 청중은 열렬한 박수를 보냈고 그전까지 선거에서 불리했던 상황을 반전시킬 수 있었다고 합니다.

링컨처럼 긍정의 산물, 유머가 풍부한 리더들이 많아지길 기대합니다.

45

사랑 한 스푼

“여보, 철제 통 속을 절대 들여다봐서는 안 돼요. 만일 당신이 약속을 어긴다면 다시는 맛있는 요리를 먹을 수 없을 거예요.”

아내는 늘 선반에 놓인 조그만 철제 통을 가리키며 남편에게 다짐하곤 했습니다. 그 철제 통에는 장모님에게서 물려받은 비밀재료가 들어있다고 했는데, 남편은 비밀재료가 무엇인지 알 수가 없었지요.

아내는 그 비밀재료를 무척 아껴서 썼습니다. 너무 많이 사용하면 금방 없어져 버릴까 봐 그랬겠지요. 하지만 비밀재료를 아주 조금만 사용해도 아내의 요리는 늘 최고였습니다.

언젠가 하루는 아내가 비밀재료를 뿌리는 걸 본 적이 있는데, 너무 조금만 사용해서 그런지 남편의 눈에는 그 비밀재료가 잘 보이지 않았습니다.

그렇게 30년 넘게 참아 온 궁금증이 아내가 집을 비운 날, 걷잡을 수 없이 커져만 갔습니다. 아내의 다짐에도 불구하고 철제 통을 열어 보고 싶다는 생각이 떠나지 않았지요.

‘도대체 그 비밀재료란 무엇일까? 저 조그만 통 속에 대체 뭐가 들어 있는 거지….’

결국 남편은 궁금증을 참지 못하고 조심스럽게 통을 집어 식탁 위에 내려놓았습니다. 그러고는 너무 긴장해서 땀이 밴 손으로 조심조심 뚜껑을 열었지요.

통 속을 확인한 순간 남편은 두어 번 눈을 비볐습니다. 잘못 본 것이 아닌가 해서 말입니다. 어떻게 된 일인지 통 속에는 반으로 접힌 종잇조각 말고는 아무것도 없었습니다.

남편은 두 손가락으로 종잇조각을 집어 든 후 조심스레 종이를 펼쳐보았습니다. 거기에는 삐뚤빼뚤하지만 한 자 한 자 정성 들여서 쓴 장모님의 손 글씨가 적혀 있었습니다.

"사랑하는 딸아, 네가 무슨 요리를 하든 사랑 한 스푼 넣는 것을 잊지 말아라."

감동이었습니다. 그제야 남편은 비밀재료에 관한 모든 궁금증이 풀렸습니다.

아내의 요리가 그렇게 맛있을 수밖에 없는 비결! 그것은 바로 '사랑'이었습니다.

요리뿐만이 아니겠지요. 누군가 힘들고 지쳐 할 때마다 사랑 한 스푼씩 추가하면, 그에게는 용기를 나 자신에게는 행복을 선물할 수 있을 것입니다.

46

부정과 긍정의 차이

인류의 종말을 예언하여 세계인의 관심을 집중시킨 소설이 있습니다. 1949년 출간된 조지 오웰의 『1984년』입니다. 당시 이 소설은 현대사회의 전체주의적 경향이 도달하게 될 종말을 기묘하게 묘사한 공포의 미래 소설이었지요.

이 책의 저자 조지 오웰의 천재적인 상상력은 부정적인 비관론과 무신론에 뿌리를 내리고 있습니다. 계급사회와 전체주의에 대한 염증을 느껴 스스로 밑바닥 인생을 두루 경험했던 것이 큰 영향을 끼쳤을 것입니다. 그는 핵무기와 탄도탄의 개발을 예언했고 그 예언은 그대로 적중했습니다. 그러나 자신의 조국인 영국을 비롯해 지구상의 모든 나라가 사회주의로 변하고 지구의 종말이 올 것이라는 예언은 빗나가고 말았지요.

조지 오웰은 제3차 세계대전이 발발할 것이라는 공포감에 휩싸여 스코틀랜드의 작은 섬에서 은둔의 나날을 보냈습니다. 그리고 이 섬에서 불안과 고독에 몸을 떨며 『1984년』을 집필했습니다. 그의 정신과 육체는 부정적인 비관론과 우울증으로 황폐해져 있었습니다. 결국 그는 47세의 젊은 나이에 폐결핵으로 사망했습니다.

"부정적인 사람들이 불가능하다고 외면할 때도 긍정적인 사람들은 그것을 가능하게 하는 길과 방법을 찾는 데 노력을 기울인다." - 정주영

47

시간을 어떻게 쓰느냐에 따라

미국의 초대 대통령 조지 워싱턴은 왕성한 활동가였습니다. 그 비결을 묻는 기자에게 워싱턴이 대답했습니다.

"나의 성공비결은 단 한 가지다. 나는 날마다 새벽 4시에 일어났다. 남들이 잠자는 시간에 두 시간 더 일했을 뿐이다. 이 두 시간이 내 인생을 행복하게 만들어 주었다."

하루 24시간, 1년 365일. 시간은 누구에게나 공평하게 주어집니다. 그러나 공평하게 주어진 시간을 각자 어떻게 쓰느냐에 따라 그 사람의 현재와 미래가 바뀝니다.

시간의 중요함에 대해 벤자민 프랭클린도 말했습니다.

"그대는 인생을 사랑하는가? 그렇다면 시간을 낭비하지 말라. 왜냐하면 시간은 인생을 구성한 재료니까. 똑같이 출발하였는데, 세월이 지난 뒤에 보면 어떤 사람은 뛰어나고 어떤 사람은 낙오자가 되어 있다. 이 두 사람의 거리는 좀처럼 접근할 수 없는 것이 되어버렸다. 이것은 하루하루 주어진 시간을 잘 이용했느냐, 이용하지 않고 허송세월을 보냈느냐에 달려 있다."

오늘 하루를 헛되이 보내지 않았는지 매일 살피고, 시간을 낭비하지 않아야겠습니다.

48

꼴찌의 승리

프랑스 황제 나폴레옹은 열다섯 살에 파리사관학교에 입학했는데 그때 성적은 58명 중 42등이었습니다. 선생님들은 그가 수학엔 뛰어나다는 것은 알았지만 그의 날카로운 직관력과 추진력을 꿰뚫어 보진 못했죠.

물리학자 아인슈타인의 수학 성적은 항상 낙제점이었습니다. 네 살 때까지 말도 할 줄 몰랐고 일곱 살 때 겨우 책을 읽을 수 있었죠. 담임선생은 "정신발달이 느리고 사교성이 없으며 환상에 사로잡힌 아이"라고 혹평했습니다.

발명왕 에디슨은 어릴 때 주변으로부터 "우둔한 아이"라는 평을 들었습니다. 그는 열세 살 때 퇴학을 당했습니다.

조각가 로댕의 학교 성적은 항상 꼴찌였습니다. 예술학교 입학을 세 번이나 거부당할 정도였죠.

소설가 톨스토이는 대학에서 계속 낙제점수를 받았습니다. 교수들은 "배우기를 포기한 젊은이"라고 평가했습니다.

처칠, 바그너, 버나드 쇼 등도 학교 성적은 시원찮았습니다.

세계적인 명성을 얻은 정치인, 과학자, 예술가 중에는 한때 악평을 들었다가 뒤늦게 성공한 사람이 많습니다. 꿈을 포기하지 않은 것입니다.

49

천국에 있는 딸들에게

유명한 변호사이자 대학교수인 스패포드 교수는 스스로 무척 행복하다고 생각했습니다. 그는 특히 아름다운 아내와 사랑스러운 네 딸을 큰 자랑으로 여겼습니다.

그러던 중 아내와 네 딸이 프랑스로 여행을 떠났습니다. 그런데 그의 가족이 타고 있던 여객선이 다른 배와 충돌해 승객 2백여 명이 익사하는 대참사가 일어났습니다. 그의 네 딸은 모두 죽고 아내만 겨우 생명을 구한 상황이었지요. 스패포드 교수는 사고 현장에 도착해 딸들의 이름을 부르며 절규했습니다. 아내는 크나큰 불행 속에서도 남편의 손을 꼭 잡으며 말했습니다.

"여보, 우리 딸들은 지금 천국에 있어요. 우리랑 잠시 헤어져 있을 뿐이에요."

스패포드 교수는 이 말에 큰 위로를 받아 비극의 바다에서 시 한 편을 지었습니다.

"내 평생에 가는 길 순탄하여 / 늘 잔잔한 강 같든지 / 큰 풍파로 무섭고 어렵든지 / 나의 영혼은 늘 편하다 / 내 영혼 평안해 내 영혼 내 영혼 평안해…."

그가 지은 이 시가 찬송가 470장 「내 평생에 가는 길」입니다. 딸들을 잃은 슬픔을 믿음으로 승화시켜 많은 이들에게 위안을 주고 있습니다.

50

어리석은 거래

알래스카는 미국의 49번째 주로 미국 면적의 약 5분의 1 정도 되는 땅입니다. '위대한 땅'이란 뜻의 알래스카는 '3금(金)의 보고'로도 불리는데 검은 보물인 석유와 푸른 보물인 삼림, 누런 보물인 황금이 그것이죠.

1867년 미국은 러시아 정부로부터 알래스카를 720만 달러에 사라는 제안을 받았습니다. 이런 소식이 알려지자 미국 언론들은 일제히 반대하며 당시 윌리엄 슈워드 국무장관에게 비난과 조롱을 퍼부었습니다.

"쓸모없는 얼음 땅을 7백20만 달러나 주고 사다니…. 국고를 탕진한 책임을 져라."

그러나 이후 알래스카에서 금, 은, 석유, 철관, 천연가스 등 각종 지하자원이 발견되면서 미국은 알래스카를 산 지 50년 만에 100배가 넘는 수익을 올렸다네요.

또 뉴욕의 맨해튼섬은 한 네덜란드인이 어느 인디언에게 단 4달러에 매입한 것이라고 합니다. 그것도 현금이 아닌 4달러짜리 양주 한 병이었다죠.

알래스카를 720만 달러에 판 러시아나 맨해튼섬을 양주 한 병에 판 인디언이나 모두 한 치 앞도 내다보지 못한 것입니다.

※ [I] **마음을 움직이는 힐링 글** 속의 일화는 포털사이트와 카톡 등에서 부분 발췌한 후 편집하여 엮은 것입니다. 일화의 원출처가 불분명하여, 부득이하게 출처 표기를 하지 못한 점 양지하여 주시길 바랍니다.

※ [II] **시의 향기**는 저작권 만료된 우리나라 대표적 시인들의 시와 이 책의 공동저자 권선복 대표의 시 모음입니다. 예전 시들은 가능한 한 원문을 살려 실었습니다.

[II]

시의 향기

예전에 미처 몰랐어요

김소월

봄 가을 없이 밤마다 돋는 달도
예전엔 미처 몰랐어요.

이렇게 사무치게 그리울 줄도
예전엔 미처 몰랐어요.

달이 암만 밝아도 쳐다볼 줄을
예전엔 미처 몰랐어요.

이제금 저 달이 설움인 줄은
예전엔 미처 몰랐어요.

모란이 피기까지는

김영랑

모란이 피기까지는
나는 아직 나의 봄을 기다리고 있을 테요
모란이 뚝뚝 떨어져 버린 날
나는 비로소 봄을 여읜 설움에 잠길 테요
5월 어느 날, 그 하루 무덥던 날
떨어져 누운 꽃잎마저 시들어 버리고는
천지에 모란은 자취도 없어지고
뻗쳐 오르던 내 보람 서운케 무너졌느니
모란이 지고 말면 그뿐, 내 한 해는 다가고 말아
삼백 예순 날 하냥 섭섭해 우옵네다
모란이 피기까지는
나는 아직 기다리고 있을 테요,
찬란한 슬픔의 봄을.

외로움과 싸우다 객사하다

나혜석

가자! 파리로.

살러 가지 말고 죽으러 가자.

나를 죽인 곳은 파리다.

나를 정말 여성으로 만들어 준 곳도 파리다.

나는 파리 가 죽으련다.

찾을 것도, 만날 것도, 얻을 것도 없다.

돌아올 것도 없다. 영구히 가자.

과거와 현재 공(空)인 나는 미래로 가자.

四남매 아해들아!

애미를 원망치 말고 사회제도와 잘못된 도덕과 법률과 인습을 원망하라.

네 에미는 과도기에 선각자로 그 운명의 줄에 희생된 자였더니라.

후일, 외교관이 되어 파리 오거든

네 에미의 묘를 찾아 꽃 한 송이 꽂아다오.

아름다운 얘기를 하자

노천명

아름다운 얘기를 좀 하자
별이 자꾸 우리를 보지 않느냐

닷돈짜리 왜떡을 사먹을 제도
살구꽃이 환한 마을에서 우리는 정답게 지냈다

성황당 고개를 넘으면서도
우리 서로 의지하면 든든했다
하필 옛날이 그리울 것이냐만
늬 안에도 내 속에도 시방은
귀신이 뿔을 돋쳤기에

병든 너는 내 그림자
미운 네 꼴은 또 하나의 나

어쩌자는 얘기냐, 너는 어쩌자는 얘기냐
별이 자꾸 우리를 보지 않느냐
아름다운 얘기를 좀 하자

떠나가는 배

박용철

나 두 야 간다
나의 이 젊은 나이를
눈물로야 보낼 거냐
나 두 야 가련다.

아늑한 이 항군들 손쉽게야 버릴 거냐
안개같이 물어린 눈에도 비치나니
골짜기마다 발에 익은 묏부리 모양
주름살도 눈에 익은 아, 사랑하던 사람들

버리고 가는 이도 못 잊는 마음
쫓겨가는 마음인들 무어 다를 거냐
돌아다보는 구름에는 바람이 헤살짓는다
앞 대일 언덕인들 마련이나 있을 거냐

나 두 야 가련다
나의 이 젊은 나이를
눈물로야 보낼 거냐
나 두 야 간다

언덕

박인환

연 날리던 언덕
너는 떠나고
지금 구름 아래
연을 따른다
한 바람 두 바람
실은 풀리고
연이 떨어지는 곳
너의 잠든 곳

꽃이 지니
비가 오며 바람이 일고
겨울이니
언덕에는 눈이 쌓여서
누구 하나 오지 않아
네 생각하며
연이 떨어진 곳
너를 찾는다

하늘만 보아라

변영로

벗이어, 바다를 내다보지 말어라—
벌거벗은 어여쁜 색씨님네
「죽음으로 꼬이는 노래」 부를라.
다만 〈비젼〉이 젖같이 흐르는
멀고 깊고 푸른 하늘만 보아라.

벗이어, 숲 속을 기웃대지 말어라
간사스런 작은 사람들이
낯선 곳에서 너의 발자취 어지럽게 할라.
다만 〈비젼〉이 젖같이 흐르는
멀고 깊고 푸른 하늘만 보아라.

교외의 강변

오장환

내가 떼여본 물수제비
팽글팽글 고리를 저으며
가비여운 까치발 띄우곤
힘없이 물속에 잠겨바렷네.

江물은 다시 주름살 펴고
새파랗게 젊어가옵네
호오이— 하고 휘파람 굴려봣으나
호을로 섰는 江벼랑은 쓸쓸도 합네.

눈감고 간다

윤동주

태양을 사모하는 아이들아
별을 사랑하는 아이들아

밤이 어두웠는데
눈감고 가거라.

가진 바 씨앗을
뿌리면서 가거라.

발부리에 돌이 차이거든
감았던 눈을 와짝 떠라.

절벽

이상

꽃이보이지않는다. 꽃이향기롭다. 향기가만개한다. 나는거기묘혈을 판다. 묘혈도보이지 않는다. 보이지않는묘혈속에나는들어앉는다. 나는 눕는다. 또꽃이향기롭다. 꽃은보이지 않는다. 향기가만개만개한다. 나는잊어버리고재차거기묘혈을판다. 묘혈은보이지않는다. 보이지않는묘혈로나는꽃을깜빡잊어버리고들어간다. 나는정말눕는다. 아아, 꽃이또향기롭다. 보이지 않는꽃이-보이지도않는꽃이.

눈이 오시네

이상화

눈이 오시면-
내마음은 미치나니
내마음은 달뜨나니
오 눈오시는 오날밤에
그리운 그이는 가시네
그리운 그이는 가시고
눈은 자꾸 오시네

눈이 오시면-
내마음은 달뜨나니
내마음은 미치나니
오 눈오시는 이밤에
그리운 그이는 가시네
그리운 그이는 가시고
눈은 오시네!

광야

이육사

까마득한 날에
하늘이 처음 열리고
어데 닭 우는 소리 들렸으랴

모든 산맥(山脈)들이
바다를 연모(戀慕)해 휘달릴 때도
차마 이곳을 범(犯)하던 못하였으리라

끊임 없는 광음(光陰)을
부즈런한 계절(季節)이 피어선 지고
큰 강(江)물이 비로소 길을 열었다

지금 눈 나리고
매화향기(梅花香氣) 홀로 아득하니
내 여기 가난한 노래의 씨를 뿌려라

다시 천고(千古)의 뒤에
백마(白馬)타고 오는 초인(超人)이 있어
이 광야(曠野)에서 목놓아 부르게 하리라

봄은 고양이로다

이장희

꽃가루와 같이 부드러운 고양이의 털에
고운 봄의 향기(香氣)가 어리우도다.

금방울과 같이 호동그란 고양이의 눈에
미친 봄의 불길이 흐르도다.

고요히 다물은 고양이의 입술에
포근한 봄의 졸음이 떠돌아라.

날카롭게 쭉 뻗은 고양이의 수염에
푸른 봄의 생기(生氣)가 뛰놀아라.

유리창 1

정지용

유리(琉璃)에 차고 슬픈 것이 어른거린다.
열없이 붙어서서 입김을 흐리우니
길들은 양 언 날개를 파닥거린다.
지우고 보고 지우고 보아도
새까만 밤이 밀려 나가고 밀려와 부딪치고,
물먹은 별이, 반짝, 보석(寶石)처럼 박힌다.
밤에 홀로 유리를 닦는 것은
외로운 황홀한 심사이어니,
고운 폐혈관(肺血管)이 찢어진 채로
아아, 늬는 산(山)새처럼 날아갔구나!

일일시호일(日日是好日)

최남선

꽃 아래 춤을 추고 달 아래서 노래하여
닥치는 모든 일을 웃음으로 부딪치면
백년(百年)의 어느 날 아니 기꺼운 날이리오.

하늘을 원망 말라 사람을 또 허물 말라
옛 어른 정녕(叮嚀)하게 우리 가르치셨건만
무삼해 찡그린 얼굴 남을 뵈려 하리오.

부귀(富貴)도 나는 싫고 권력(權力) 또한 마음 없네
뜻하는 그대로를 실현(實現)할 수 있다 하면
인간에 쾌활인(快活人) 되기 나는 원(願)을 하리라.

만족

한용운

세상에 만족이 있느냐 인생에게 만족이 있느냐
있다면 나에게도 있으리라

세상에 만족이 있기는 있지마는 사람의 앞에만 있다
거리(距離)는 사람의 팔 길이와 같고, 속력은 사람의 걸음과 비례가 된다
만족은 잡을래야 잡을 수도 없고 버릴래야 버릴 수도 없다

만족을 얻고 보면 얻은 것은 불만족이요 만족은 의연(依然)히 앞에 있다
만족은 우자(愚者)나 성자(聖者)의 주관적 소유가 아니면 약자의 기대뿐이다
만족은 언제든지 인생과 수적 평행(竪的平行)이다
나는 차라리 발꿈치를 돌려서 만족의 묵은 자취를 밟을까 하노라

아아! 나는 만족을 얻었노라
아지랑이 같은 꿈과 금(金)실 같은 환상이 님 계신 꽃동산에 들릴 때에 아아 나는 만족을 얻었노라

무제3

홍난파

한 알의 쌀알을 얼른 집어 물고
하늘 나는 마음아
사람의 구질구질한 꼴을
눈여겨보느냐 네 작은 새의 몸으로서
이리 비틀 저리 비틀
썰물에 취해 너털거리는 주정뱅이
아무나 모르고 툭툭 다 치고 지난다
세상아 이 책임 뉘에게 지우느냐

긍정의 힘

- 권선복

우리 마음에 긍정의 힘을 심는다면
힘겹고 고된 길 가더라도 두렵지 않습니다.

그 어떤 아픔과 절망이 밀려오더라도
긍정의 힘이 버팀목이 되어 줄 것입니다.

지금 당신에게 드리겠습니다.
열린 마음으로 받아들일 수 있는 긍정의 힘.
두 팔 활짝 벌려 받아주세요.

당신의 마음에 심어진 긍정의 힘이
행복에너지로 무럭무럭 자랄 것입니다.

행복을 부르는 주문

권선복

이 땅에 내가 태어난 것도
당신을 만나게 된 것도
참으로 귀한 인연입니다

우리의 삶 모든 것은
마법보다 신기합니다
주문을 외워보세요

나는 행복하다고
정말로 행복하다고
스스로에게 마법을 걸어 보세요

정말로 행복해질 것입니다
아름다운 우리 인생에
행복에너지 전파하는 삶 만들어 나가요

아름다운 사람

권선복

아름다운 사람이 되고 싶습니다
내가 말한 말 한마디에
모두가 빙그레 미소 지을 수 있는 힘을 가진
아름다운 사람이 되고 싶습니다.

내가 보인 작은 베풂에
모두가 행복해할 수 있는
선한 영향력을 가진
아름다운 사람이 되고 싶습니다.

말보다 행동보다
모두에게 진정으로 내보일 수 있는
아이 같은 순수함을 지닌
아름다운 사람이 되고 싶습니다.

인생은 복습

권선복

삶에 있어 예습은 무용지물입니다.
인생은 누가 더 복습을
철저히 했느냐로 판가름 나지요.

미래는 확인할 수 없지만
자신만의 무늬가 또렷이 새겨진 과거는
늘 확인할 수 있기 때문입니다.

틀린 곳을 제대로 되짚지 않는 한,
어제와 다른 내일이란 존재할 수 없음을
오늘 마음 깊이 새겨봅니다.

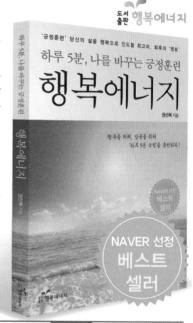

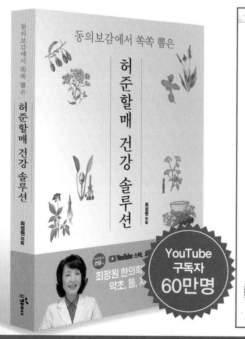

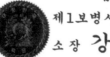